LAS TRES HUMANIDADES

La División de la Humanidad en el Plan de Yahuah

Volumen 1

Dr. Yeral E. Ogando

COPYRIGHT — LAS TRES HUMANIDADES™

© [2025-2026] Dr. Yeral E. Ogando.

Todos los derechos reservados.

Ninguna parte de esta publicación puede ser reproducida, almacenada en un sistema de recuperación o transmitida en ninguna forma o por ningún medio—electrónico, mecánico, fotocopiado, grabación u otro—sin permiso previo por escrito del editor, excepto por breves citas en reseñas u obras académicas, las cuales deben incluir la cita adecuada.

Este libro es parte de la serie de múltiples volúmenes LAS TRES HUMANIDADES, que incluye:

Volumen 1: La División de la Humanidad en el Plan de Yahuah

o Libro Uno: Las 22 Obras de la Creación

o Libro Dos: La Primera Humanidad

o Libro Tres: La Segunda Humanidad

• Volumen 2: La Restauración de la Primera Humanidad en el Plan de Yahuah

o Libro Cuatro: La Tercera Humanidad

o Libro Cinco: La Restauración

Todos los personajes, eventos, estructuras narrativas, diagramas, sistemas de terminología y marcos originales, incluyendo, pero no limitado a: Las Tres Ecuaciones de la Humanidad, Las Seis Capas del Sheol, El Concepto de la Variante, El Modelo del Linaje Puro, La Tabla de las 22 Obras y el Mapa Narrativo completo de las Tres Humanidades— son propiedad intelectual del autor y no pueden ser reproducidos, adaptados o distribuidos sin autorización por escrito.

Todas las citas de las Escrituras aparecen en sus respectivas traducciones según se indica de Dabar Yahuah Escrituras Yahuah (www.yahuahbible.com/es) y se utilizan dentro de las directrices de uso justo. Cualquier nombre restaurado, ortografía y transliteración lingüística son la preferencia académica del autor y forman parte del marco teológico propietario de esta serie.

Publicado por:
Christian Translation LLC
www.yahuahdabar.com
[USA]
ISBN: 978-1-946249-40-1

Diseño de portada, diagramación interior, gráficos y diagramas por Dr. Yeral E. Ogando y equipos creativos afiliados.

Impreso en USA

TABLE OF CONTENTS

Dedicación	6
LIBRO 1:	5
Introducción	7
Capítulo 1 : Understanding the Divine Foundation of All Things	9
Capítulo 2: The Great Work of the Firmament	21
Capítulo 3: The Four Great Works of Creation	27
Capítulo 4: The Three Great Works of the Fourth Day	33
Capítulo 5: The Three Great Works of the Fifth Day	44
Capítulo 6: The Creation of the Earthly Realms: Beasts, Cattle, Creeping Things, and the Primordial Behemoth	52
Capítulo 7: The Creation of Man and Woman: Spirit Before Body, Body Before Union, Union in the Second Week	57
Capítulo 8: Sanctification of the Shabbâth	62
Capítulo 9: The Perfect Work of Yahuah Êlôhîym — His 22 Works, His 7 Days, His Eternal Seal	72
LIBRO 2:	77
Introducción	78
Capítulo 1: The First Humanity: Qadosh From The Beginning	81
Capítulo 2: The Two Kinds Of Humanity	85
Capítulo 3: The Origin Of Disobedience	90
Capítulo 4: The Half-Truth Of The Nachash	94
Capítulo 5: "Like One Of Us": Knowledge, Not Corruption	98
Capítulo 6: The Expulsion From Eden: The First Act Of Mercy	102
Capítulo 7: The Separation Of Light And Darkness Among Men	105
Capítulo 8: The Patriarchal Line Of The First Humanity	109
Capítulo 9: The Purity Of The First Humanity Before The Flood	121
Capítulo 10: The Prophetic Purpose Of The First Humanity	125

Capítulo 11: The Hidden Preparation For The Coming Conflict   129

LIBRO 3:   **135**

Introducción   137

Capítulo 1: The Nature Of The Second Humanity   139

Capítulo 2: The Inheritance Of The Second Humanity   144

Capítulo 3: Why The Second Humanity Has No Redemption   148

Capítulo 4: The Mercy Of Yahuah Amid Rising Corruption   151

Capítulo 5: The Two-Part Redemptive Plan Of Yahuah   154

Capítulo 6: After The Flood: The Giants Rise Again   160

Capítulo 7: Scripture Follows The Pure Line, Not The Hybrid One   167

Capítulo 8: The Error Of Qeynan (Kenan)   171

Capítulo 9: The Nephilim After The Flood   175

Capítulo 10: The Three Equations Of Humanity   179

LIBRO 1
LAS TRES HUMANIDADES

Las 22 Obras de la Creación y el Fundamento del Plan Redentor de Yahuah

Dedicación

Al Êlôhîym Ôlâm — Yahuah Tsâbâ

Esta obra está dedicada primero y para siempre a Yahuah, el Creador de toda la humanidad —

el Único que formó a Adán del polvo, sopló vida en sus fosas nasales, y cuya misericordia nos ha preservado desde el Edén hasta este mismo día.

A Yahusha ha'Mashiyach, el Restaurador de todas las cosas, cuya sangre quebrantó las cadenas forjadas por los Nefelinos y cuya resurrección garantiza la redención de todas las naciones.

Y a todo buscador de la verdad —

a aquellos que se rehúsan a aceptar la tradición por encima de la Escritura,

a aquellos que tienen hambre de entender los caminos antiguos,

y a aquellos que anhelan ver el plan de Yahuah con claridad y reverencia.

Este libro es para ustedes.

Que estas páginas fortalezcan su fe, agudicen su discernimiento y los acerquen más al corazón del Padre.

Introducción

Las Tres Humanidades — La Corrupción Nefelina y la Restauración Eterna en Yahusha

La humanidad ha caminado por tres edades, tres identidades y tres condiciones espirituales desde el principio de la creación. Cada era revela una verdad profunda sobre la justicia, la misericordia y el plan redentor de Yahuah. Sin embargo, durante generaciones, estas verdades han sido oscurecidas por la tradición, la teología y la pérdida de la cosmovisión antigua preservada en las Escrituras y los escritos de los patriarcas.

Este libro abre el primero de tres volúmenes, levantando el velo sobre una historia más antigua que el Edén y más relevante que nunca. Aquí revisitamos la primera humanidad, el mundo antes de la corrupción — una humanidad creada Pura, en justicia y comunión perfecta con Yahuah. Exploramos lo que realmente ocurrió en el Jardín, la naturaleza del libre albedrío, el significado de la desobediencia y la estructura espiritual de la creación que gobernó a las primeras generaciones.

Contrario a las enseñanzas modernas, la humanidad no fue moldeada por maldad inherente ni nació en una depravación inevitable. En cambio, las Escrituras revelan una narrativa diferente:

la caída introdujo desobediencia, no corrupción — y la corrupción solo entró después a través de la rebelión de los Vigilantes y el nacimiento de los Nefelinos.

Este volumen restaura lo que la tradición ha olvidado.

Invita al lector a ver el mundo antiguo como Yahuah lo describió, no como interpretaciones posteriores lo enmarcaron.

Revela el propósito original de la humanidad, la estructura del orden celestial y los primeros pasos del plan divino que finalmente conduciría a Yahusha ha'Mashiyach — el Único que restaura lo que se perdió.

A medida que ustedes avancen por estas páginas, prepárense para desafiar suposiciones, redescubrir verdades antiguas y presenciar la misericordia extraordinaria de Yahuah desplegándose a través de las edades. Esto es más que una exploración histórica — es un regreso al fundamento de la fe, la identidad y la creación misma.

Capítulo 1

Entendiendo el Fundamento Divino de Todas las Cosas

1.1 – POR QUÉ COMENZAMOS CON LAS 22 OBRAS DE LA CREACIÓN

Antes de que podamos entender a la Primera Humanidad—su gloria, su mandato, su caída—debemos regresar al mismo principio, al momento en que Yahuah habló la realidad a la existencia. Las Escrituras revelan que el mundo no fue formado por accidente, caos o violencia celestial. Fue moldeado por el Habla—por las Palabras vivas que salieron del mismo Êlôhîym.

Según el entendimiento hebreo antiguo y el testimonio del Libro de los Jubileos, la creación se desarrolló a través de veintidós distintas declaraciones divinas.

Cada palabra fue intencional. Cada palabra estableció un límite, un orden, una ley, una función. Cada palabra cargaba el poder de la vida. Estas 22 Palabras de la Creación forman el ADN espiritual del universo, el fundamento de la primera humanidad, la estructura de toda ley divina y la armonía original que los Nefelinos más tarde buscaron corromper.

Si queremos entender lo que la humanidad perdió—y lo que Yahusha vino a restaurar—primero debemos entender lo que Yahuah construyó. Por eso el Libro Uno no comienza con Adán, sino con las Palabras que moldearon el mundo de Adán. Antes de conocer al primer hombre... antes de ver el Jardín... antes de presenciar la primera desobediencia... entramos en el principio. Donde Êlôhîym dijo, y fue así. Ahora, entremos en el Primer Día.

1.2 DÍA 1 – LAS SIETE GRANDES OBRAS DE LA CREACIÓN

(Jubileos 2:2–3 y Bereshith 1 — Dabar Yahuah Escrituras Yahuah)

Jubileos 2:3 nos dice:

"...porque siete grandes obras creó Él en el primer día."

Jubileos 2:2 luego enumera todo lo creado, y de esta lista extraemos las siete obras de la creación realizadas en el Día 1.

1.3 – OBRA 1: CREACIÓN DE LOS SHAMAYIM (LOS CIELOS) – Y LA TIERRA PRIMORDIAL

Jubileos 2:2 — "Él creó los shamayim que están arriba..."

Bereshith 1:1 — "En el principio Êlôhîym creó los shamayim..."

Esto no es simplemente el cielo; es todo el orden celestial: el cielo más alto (el Trono de Yahuah), los cielos medios (reinos angélicos) y los cielos inferiores (el cielo visible). En el pensamiento hebreo, shamayim es plural — significando capas, reinos, dimensiones de existencia celestial.

Antes de que el mundo físico se hiciera visible, Yahuah estableció Su trono, Su estructura del Reino, Su corte celestial, las moradas de los justos y los reinos donde Sus malakim operan.

Yahuah establece el Reino celestial antes del mundo físico, demostrando que Su soberanía precede la creación, Su gobierno es eterno, y la tierra está destinada a ser un reflejo del cielo. Yahusha después enseña: "Hágase Tu voluntad en la tierra como en el cielo." Porque el cielo existió primero, y la tierra fue creada para reflejarlo.

1.4 LA TIERRA CREADA CON LOS CIELOS (no una Obra separada)

Jubileos 2:2 — "...y la tierra..."

Bereshith 1:1–2 — "Él creó... la tierra. Y la tierra estaba desordenada y vacía..."

La tierra NO es una obra separada de la creación. Es creada en el mismo instante exacto que los cielos. La "tierra" en esta etapa no es tierra seca; es la base informe, la masa primordial sumergida bajo todas las aguas antes de que Yahuah divida las aguas.

Esta tierra informe está creada pero no moldeada, presente pero no revelada, materia sin forma, y el fundamento crudo sobre el cual todas las obras posteriores se construirán.

Yahuah siempre crea la sustancia antes de formar la estructura: materia antes de forma, tierra antes de Edén, humanidad antes del pacto, Adán antes de Chawwâh, Noé antes del arca, Abraham antes del pacto, Yasharal antes de la Torá, y Yahusha antes de la resurrección. Esto revela Su naturaleza: Creación ☐ Formación ☐ Cumplimiento.

1.5 – OBRA 2: CREACIÓN DE LAS AGUAS

Jubileos 2:2 — "...y las aguas..."

Estas aguas incluyen las aguas superiores (sobre los cielos), las aguas inferiores (cubriendo la tierra) y el abismo profundo (tehom).

Bereshith 1:2 — "y el rûach de ĚLÔHÎYM se movía sobre la faz de las aguas.."

Los primeros elementos de la creación testifican que la vida fluirá solo de Yahuah.

1.6 — OBRA 3: CREACIÓN DE TODOS LOS ÁNGELES Y ESPÍRITUS QUE LE SIRVEN

Una revelación que Bereshith no detalla.

Jubileos 2:2 — "...y todos los espíritus que sirven delante de Él..."

A. Ángeles de la Presencia

Los malakim de mayor rango — aquellos que están ante el trono de Yahuah. Ejemplos en la Escritura: Gabrîyêl, Mîykâêl, Râphâêl, Ûrîyêl, Kerûb, Śârâph, Ôphân, Galgal, îyr (los vigilantes antes de la caída), y los siete espíritus delante de Su trono (Apocalipsis).

B. Ángeles de Santificación

Ministran santidad, purificación y lo sagrado. Preparan lugares, personas y momentos para la presencia de Yahuah.

C. Ángeles de los Elementos (12 categorías)

Jubileos enumera ángeles asignados al fuego, viento, nubes, tinieblas, nieve, granizo, escarcha, voces, trueno, relámpago, frío, calor y las cuatro estaciones.

D. Espíritus de Todas las Criaturas

"...y de todos los espíritus de Sus criaturas que están en los shamayim y en la tierra..."

Esto significa que cada ser viviente ya tenía su espíritu asignado, su función, su propósito, su orden y su contraparte celestial.

Bereshith se enfoca en lo físico; Jubileos expone la infraestructura espiritual.

El Día 1 no es meramente materia siendo creada — es la creación de la administración espiritual misma.

1.7 – OBRA 4: CREACIÓN DEL ESPÍRITU DEL HOMBRE

Esto es parte de la misma revelación en Jubileos 2:2 pero merece distinción por su peso teológico: Cada espíritu de cada hombre y mujer desde la creación hasta el fin fue creado en el primer día. Esto significa que nuestros espíritus existieron antes de nuestros cuerpos, nuestros espíritus existieron antes de que el tiempo moldeara nuestra generación, y muchos espíritus esperaron miles de años antes de convertirse en almas vivientes. Es una gran maravilla saber que nuestros espíritus fueron creados en el primer día, dentro del plano celestial de Yahuah.

1.8 – OBRA 5: CREACIÓN DE LOS ABISMOS Y LOS FUNDAMENTOS DE SHEOL

Yôbêl (Jubileos) 2:2 — "Él creó los abismos y las tinieblas…"

En el primer día, Yahuah no solo creó la Luz, sino también la estructura profunda que sostendría Su plan de redención: los abismos (tehôm), las tinieblas (ḥoshekh) y los fundamentos de Sheol en la tierra interior.

Bereshith (Génesis) 1:2 confirma esto:

"Y la tierra estaba desordenada y vacía; y las tinieblas estaban sobre la faz del abismo (tehôm)."

1.9 – EL ABISMO (TEHÔM) COMO FUNDAMENTO DEL MUNDO SUBTERRÁNEO

El tehôm es lo profundo, el fundamento estructural bajo la creación visible.

Ya en la semana de la creación, Yahuah estableció no solo el mundo visible, sino las bases invisibles donde serían colocados el juicio, la justicia y las almas en espera.

Enoc testifica:

1 Enoc 17:6 — "Vi el abismo profundo, con columnas de fuego celestial…"

1 Enoc 18:11–13 — "Este lugar es la prisión de los ángeles… hasta que se complete su juicio."

Los abismos creados en el primer día se convierten en la base geográfica y espiritual de Sheol y sus cámaras.

1.10 – LAS DIVISIONES DE LA TIERRA INTERIOR (SHEOL) PREPARADAS DESDE EL PRINCIPIO

Puede sonar sorprendente, pero como el Arquitecto perfecto, Yahuah también estableció la estructura completa de Sheol desde el principio.

Hay muchos conceptos erróneos sobre el "infierno."

En la Escritura, Sheol = el reino subterráneo de los muertos.

Tiene múltiples cámaras y funciones. Es ordenado, no caótico. Es parte del plan perfecto de justicia y salvación de Yahuah.

Todas estas capas están dentro de la tierra, una debajo de la otra. Chănôk (Enoc) Chapter 22.

Las Seis Capas Principales (de arriba hacia abajo):

La superficie de la tierra y el Jardín del Edén sellado

Las cámaras de los justos

Las cámaras de los mártires

Las cámaras de los malvados

La prisión de los Vigilantes (Tártaros / Gehenna)

El Lago de Fuego (infierno inferior, destino final para seres celestiales rebeldes)

1.11 – CAPA 1: LA SUPERFICIE DE LA TIERRA Y EL JARDÍN DEL EDÉN

En la parte superior, tenemos la superficie de la tierra. Edén es un lugar real en la tierra, creado en el tercer día y luego sellado.

Bereshith 3:24 — "Así echó fuera al hombre; y puso al oriente del jardín del Edén querubines, y una espada encendida... para guardar el camino del árbol de la vida."

Edén está en la tierra, no en el tercer cielo. Fue sellado, no borrado. Su alineación vertical está sobre las cámaras de los justos.

1.12 – CAPA 2: CÁMARAS DE LOS JUSTOS (SENO DE ABRAHAM)

Debajo del Jardín, encontramos las cámaras de los justos. Cuando una persona justa muere, va a esta cámara a dormir hasta el día del juicio.

Lucas 16:22 — "Y aconteció que murió el mendigo, y fue llevado por los ángeles al seno de Abraham."

Este es un lugar de consuelo, no tormento; abajo, en el reino de Sheol, pero separado de los malvados; una cámara preparada para los que murieron en fe.

1.13 – CAPA 3: CÁMARAS DE LOS MÁRTIRES

Un nivel más abajo, encontramos las cámaras de los mártires — aquellos que murieron específicamente por causa de Yahuah y Su testimonio.

1 Enoc 22:5–7 describe una cámara separada para aquellos "que fueron muertos en los días de los pecadores," esperando hasta el día de su vindicación.

Apocalipsis 6:9–11 revela las almas bajo el altar que fueron muertas por la palabra de Elohiym y el testimonio que tenían. Claman por justicia, se les dan vestiduras blancas, y esperan un poco más hasta que se complete el número total de mártires. Esto corresponde a la cámara de los mártires.

1.14 – CAPA 4: CÁMARAS DE LOS MALVADOS

Un nivel debajo de ellos están las cámaras de los malvados. Cuando una persona malvada muere, también va a Sheol, pero a un lugar separado de los justos y esperando el juicio final.

Lucas 16:23 — "Y en Sheol alzó sus ojos, estando en tormentos, y ve a Abraham de lejos, y a Lázaro en su seno."

Observe: están en la misma región del inframundo (él "alza sus ojos"), hay un gran abismo fijo (v.26), y él no está en el Lago de Fuego, sino en la cámara de los malvados de Sheol. Por eso, en la parábola del hombre rico y Lázaro, el rico (el malvado) alzó sus ojos.

1.15 – CAPA 5: PRISIÓN DE LOS VIGILANTES (GEHENNA / TÁRTAROS / "INFIERNO")

Un nivel más profundo está la prisión de los ángeles Vigilantes, también llamada Gehenna, Tártaros y la "prisión" de los ángeles. Esto es lo que la mayoría de las personas comúnmente llaman "infierno," pero bíblicamente es un departamento específico para ángeles caídos y muchos demonios, no el Lago de Fuego final.

1 Enoc 10:11–13 — los Vigilantes están atados hasta el gran día del juicio.

2 Pedro 2:4 — Elohiym arrojó a los ángeles que pecaron al tartaróos.

Judas 6 — los ángeles que no guardaron su dignidad están reservados en cadenas eternas.

Los Vigilantes y el 90% de los demonios están localizados en esta prisión. Este nivel es para seres celestiales que se rebelaron y sus hijos muertos (demonios), no para almas humanas comunes.

1.16 – CAPA 6: EL LAGO DE FUEGO (INFIERNO INFERIOR, INFIERNO BAJO)

En la última y más profunda capa dentro de la tierra está el Lago de Fuego, el infierno inferior. Este lugar aún espera su plena apertura al final de los tiempos.

Apocalipsis 20:14–15 — "Y la muerte y Sheol fueron lanzados al lago de fuego. Esta es la muerte segunda, el lago de fuego."

Originalmente, el Lago de Fuego fue preparado para rebeldes celestiales.

Mateo 25:41 — "...fuego eterno, preparado para el diabolos y sus ángeles."

Este lugar está reservado para seres eternos que se han desviado de Yahuah, NO PARA HUMANOS. El enfoque y propósito original de este lugar es el castigo eterno de seres espirituales rebeldes — especialmente los Vigilantes y el diabolos.

1.17 – POR QUÉ YAHUAH PREPARÓ ESTAS CÁMARAS DESDE EL PRINCIPIO

Yahuah es el Arquitecto perfecto. Él preparó todas estas cámaras desde el principio como parte de Su plan de salvación. Si el Cordero fue preordenado antes de la fundación del mundo:

1 Pedro 1:20

"Quien verdaderamente fue previsto antes de la fundación del mundo, pero fue manifestado en los últimos tiempos por ustedes"

Entonces los lugares de espera (para justos, mártires, malvados), la prisión de los Vigilantes y el Lago de Fuego también tuvieron que ser preparados de antemano, para cumplir juicio, misericordia y restauración final.

Así que desde el principio los justos tenían un lugar para dormir en paz, los mártires tenían un lugar para esperar vindicación, los malvados tenían un lugar para esperar resurrección y juicio, los Vigilantes tenían un lugar de cadenas en tinieblas, y el Lago de Fuego estaba reservado para seres eternos en rebelión. Nada es accidental. Incluso Sheol refleja el orden perfecto de Yahuah.

1.18 – POR QUÉ YAHUSHA DESCENDIÓ A SHEOL (NO "AL LAGO DE FUEGO")

Por esta razón, cuando Yahusha murió, Él no fue al Lago de Fuego ni al lugar final de tormento, sino a Sheol — el reino completo de los muertos.

Efesios 4:9

"Habiendo Él descendido primero a las partes más bajas de la tierra."

Hechos 2:31

"Su alma no fue dejada en Sheol, ni Su carne vio corrupción."

También proclamó victoria a los espíritus encarcelados:

1 Pedro 3:19

"Por lo cual también fue y predicó a los espíritus en prisión."

Así que Él fue a Sheol, no al Lago de Fuego. No fue como un pecador atormentado, sino como un Rey victorioso. Él confirmó la justicia de Yahuah en todas las cámaras. Esto corrige la visión tradicional de que "Él fue al infierno (Lago de Fuego) a sufrir." No. Él descendió a Sheol como Conquistador, no como víctima.

1.19 – ARQUITECTURA DE JUSTICIA Y REDENCIÓN

En el Día 1, Yahuah creó los abismos, creó las tinieblas, estableció los fundamentos de Sheol y preparó cada división subterránea necesaria para Su justo plan.

Así que podemos decir que las tinieblas fueron creadas para que la Luz fuera revelada como suprema, los abismos fueron creados para que la justicia, la espera y el juicio final tuvieran un lugar, y Sheol y sus cámaras fueron creados para que toda alma y todo ser espiritual tuviera su destino asignado.

La creación no es aleatoria. Incluso los reinos invisibles bajo nuestros pies forman parte del plano perfecto de salvación de Yahuah.

1.20 – OBRA 6: CREACIÓN DE LAS TINIEBLAS

Jubileos 2:2 — "...y las tinieblas..."

Bereshith 1:2 confirma:

"Y la tierra estaba desordenada y vacía; y las tinieblas estaban sobre la faz del abismo (tehôm)."

1.21 – LAS TINIEBLAS COMO UNA CONDICIÓN CREADA, NO UN PODER RIVAL

Las tinieblas no son una fuerza igual a la luz, ni malvadas por naturaleza, ni satánicas, ni caos. Las tinieblas son simplemente la ausencia de luz manifestada — el estado inicial esperando que la gloria de Yahuah sea revelada.

Yashayahu (Isaías) 45:7

"Yo formo la luz, y creo las tinieblas..."

Tehillim (Salmo) 18:11

"Hizo de las tinieblas Su lugar secreto..."

En el plan de redención, la luz expone las tinieblas, la luz conquista las tinieblas y la luz revela la verdad.

Yoḥonan (Juan) 1:5

"Y la luz resplandece en las tinieblas; y las tinieblas no la comprendieron."

Las tinieblas existen para revelar la absoluta supremacía de la Luz.

1.22 – OBRA 7: CREACIÓN DEL ATARDECER, LA NOCHE, LA LUZ, EL AMANECER Y EL DÍA

Jubileos 2:2 — "...el atardecer y la noche, y la luz, el amanecer y el día..."

Esta es la creación de los ciclos del tiempo.

Bereshith 1:5 paralela esto:

"Y fue la tarde y la mañana un día."

Lo que Yahuah creó aquí: atardecer (crepúsculo vespertino), noche, Luz increada (Su resplandor), amanecer (crepúsculo matutino) y día.

Este es el origen del tiempo, ritmo, estaciones, ciclos proféticos, Shabbat, tiempos señalados (mo'edim) y el calendario celestial.

Antes de que existieran el sol, la luna o las estrellas, Yahuah construyó el marco del tiempo.

Había luz antes de que los grandes luminares fueran creados.

1.23 – CREACIÓN SEGÚN EL CONOCIMIENTO DE SU CORAZÓN

Jubileos 2:2 — "...que Él ha preparado en el conocimiento de Su corazón."

Esta es una de las declaraciones más poderosas en todo Jubileos. Enseña que la creación no fue aleatoria, la creación no fue reactiva, la creación no fue experimental. La creación fue intencional, elaborada desde la propia mente, voluntad y plan eterno de Yahuah.

Esto significa que Edén fue planificado.

La humanidad fue planificada.

La redención fue planificada.

Yahusha fue planificado.

El Álef y la Taw fueron planificados.

La novia del Mesías fue planificada.

El destino de la humanidad existió en el corazón de Yahuah antes de que Adán jamás caminara en el jardín.

1.24 – RESUMEN FINAL DEL DÍA 1

Las Siete Grandes Obras (Jubileos 2:2–3)

Creación de los Cielos (Shamayim) — y la Tierra Primordial

Creación de las Aguas

Creación de los Ángeles y Todos los Espíritus

Creación del Espíritu del Hombre

Creación de los Abismos

Creación de las Tinieblas

Creación de la Luz, Atardecer, Noche, Amanecer y Día (Tiempo)

El Día 1 es el fundamento de todo el reino celestial — físico, espiritual, profético y redentor.

Capítulo 2
La Gran Obra Del Firmamento

Jubileos 2:4 y Bereshith 1:6–8

2.1 DÍA 2 - OBRA 8– LA ÚNICA OBRA DEL DÍA 2: CREACIÓN DEL FIRMAMENTO Y LA DIVISIÓN DE LAS AGUAS

Jubileos 2:4

"Y en el segundo día Él creó el firmamento en medio de las aguas,

y las aguas fueron divididas en ese día, la mitad dellas subió arriba y la mitad dellas descendió abajo del firmamento que estaba en medio sobre la faz de toda la tierra.

Y esta fue la única obra que Êlôhîym creó en el segundo día."

Bereshith 1:6–7 (Dabar Yahuah – Escrituras Yahuah)

"Y Êlôhîym dijo: 'Haya firmamento en medio de las aguas, y que separe las aguas de las aguas.'

Y Êlôhîym hizo el firmamento, y separó las aguas que estaban debajo del firmamento de las aguas que estaban sobre el firmamento: y fue así."

2.2 – ¿QUÉ ES EL FIRMAMENTO? (RAQIA)

La palabra hebrea usada en Bereshith es raqia (עיקר), que significa: una expansión, una estructura extendida, un arco fijo, una expansión sólida en forma de cúpula, algo batido o extendido como metal martillado. Esto no es espacio vacío — es una estructura creada con propósito, orden y significado espiritual.

En la visión hebrea antigua:

El firmamento es el divisor entre las aguas celestiales y las aguas terrenales, el límite del cielo visible, el fundamento para las luminarias celestiales (Día 4), la "cortina" que separa reinos, la plataforma sobre la cual los cielos están estructurados. Es a la vez celestial y espiritual, físico pero simbólico.

2.3 – LO QUE YAHUAH REALMENTE HIZO EN EL DÍA 2

Jubileos explica el proceso en detalle — mucho más que Génesis:

A. Él creó el firmamento "en medio de las aguas"

Antes del firmamento, todo era agua. La creación estaba sumergida en el abismo original.

B. Él separó físicamente las aguas

Jubileos dice que Yahuah dividió las aguas en partes iguales: la mitad subió arriba del firmamento, la mitad permaneció debajo del firmamento. Esto explica por qué a los cielos a menudo se les describe como "las aguas de arriba."

C. El firmamento cubrió "la faz de toda la tierra"

No fue un evento local. Fue global, extendiéndose sobre todo el mundo.

D. Esta fue la única obra del Día 2

El Día 1 tuvo siete obras. El Día 2 tuvo solo una — pero monumental. Yahuah creó orden, un límite y una separación celestial.

2.4 – POR QUÉ YAHUAH DIVIDIÓ LAS AGUAS

Esta división es uno de los eventos más simbólicos en toda la Escritura. Representa separación entre reinos: Cielo arriba, Tierra abajo. Así como en el Día 1 Él separó la luz de las tinieblas, ahora en el Día 2 Él separa el cielo de la tierra.

Representa el establecimiento de límites divinos: ninguna agua de arriba puede descender a menos que Yahuah abra las ventanas de los cielos (como en el Diluvio). Ninguna agua de abajo puede subir a menos que Yahuah lo ordene. Ningún ser humano puede salir fuera del firmamento, solo el único que vino de los shamayin, Yahusha — fuera de eso, NADIE puede jamás salir de la tierra. NADIE, NUNCA.

Representa la creación de zonas de autoridad espiritual: sobre el firmamento → reino celestial; debajo del firmamento → reino terrenal.

Representa el plano profético del Tabernáculo: el firmamento funciona como un velo que separa el Lugar Santo del Lugar Más Apartado.

Representa el fundamento para los tiempos proféticos: en el Día 4, el sol, la luna y las estrellas serán puestos "en el firmamento." Así el Día 2 prepara el escenario para el calendario celestial.

2.5 – EL SIGNIFICADO ESPIRITUAL DEL FIRMAMENTO

Este acto revela muchas verdades profundas.

A. El Cielo y la Tierra No Son Reinos Iguales

El cielo está arriba → el reino de Yahuah, Su trono, Sus malakim.

La tierra está abajo → el reino dado a la humanidad.

"Los shamayim son los shamayim de Yahuah, pero la tierra Él la ha dado a los hijos de los hombres."

— Tehillim 115:16

Algunos no entienden esta realidad y han sido falsamente enseñados con la falsa esperanza de que el hombre va al cielo, pero lamento informarles que ningún hombre puede jamás ni jamás irá al cielo. La tierra es para los hombres y por eso ese cielo descenderá a la tierra para que el hombre viva con Yahuah para siempre, pero la noción falsa de que los hombres van al cielo nunca ha sido un concepto bíblico.

B. El Firmamento es un Testigo

Como un testigo de pacto, permanece como testimonio de la separación que Yahuah ha establecido entre lo que es santo y lo que es común, el reino divino y el reino terrenal, lo espiritual y lo físico, lo puro y lo profano.

C. El Firmamento es una Barrera contra el Caos

Antes de que la creación fuera ordenada, el agua simbolizaba caos. Al dividirla, Yahuah puso la creación bajo control total.

D. El Firmamento es el Camino de la Revelación

Todas las visiones del cielo en la Escritura implican la apertura del firmamento: Yachezqêl vio los cielos abiertos, Chănôk vio múltiples cielos, Yôchânân vio los cielos abiertos, Yahusha ascendió por los cielos. Esto muestra que la revelación profética viene a través del límite que Yahuah estableció en el Día 2.

2.6 — Por Qué el Día 2 No Tiene "Y Vio que Era Bueno"

Este es uno de los misterios de Bereshith.

Día 1 — "Era bueno"

Día 3 — "Era bueno" (¡dos veces!)

Día 4 — "Era bueno"

Día 5 — "Era bueno"

Día 6 — "Era muy bueno"

Pero el Día 2 no tiene tal declaración. ¿Por qué?

Porque en el Día 2 Yahuah creó división, no finalización. El firmamento es un límite — una separación — un velo. La obra es buena, santa y perfecta, pero no es una creación completada. El

Día 2 forma la estructura (firmamento), pero el Día 4 la llenará (luminarias).

Así como Adán formado en el Día 6, Chawwâh completada en el mismo Día 6 después, Edén plantado después de Adán, etc. Yahuah forma → luego llena. El Día 2 es la etapa de formación, el Día 4 es la etapa de llenado.

2.7 — Cómo el Día 2 Prepara el Camino para la Humanidad

La humanidad no puede existir sin atmósfera, clima regulado, protección contra fuerzas celestiales, ciclos de agua, límites entre reinos, separación entre dimensiones espirituales. El firmamento es literalmente la arquitectura de protección que hace posible la vida humana.

También establece el principio de que:

El hombre no puede romper los límites que Yahuah ha establecido. Lo cual se vuelve crucial cuando los Vigilantes descienden en los días de Yarad — ángeles cruzando límites que nunca debieron cruzar. Romper o cruzar los límites de Yahuah siempre tendrá consecuencias enormes.

2.8 — El Firmamento y el Plan de Redención

El firmamento encarna todo el patrón del Evangelio: existe una separación entre el cielo y la tierra, la humanidad no puede cruzarla, el pecado profundiza el velo, Yahusha rasga el velo, el cielo se vuelve accesible de nuevo, la restauración vuelve a unir lo que el Día 2 separó. El rasgado del velo del templo en la muerte de Yahusha es una inversión directa del límite del Día 2 para los redimidos.

2.9 — DÍA 2 — Resumen Final

La Única Gran Obra: Creación del Firmamento y Separación de las Aguas

Yahuah creó el firmamento (raqia) en medio de las aguas.

Él dividió las aguas equitativamente: arriba y abajo.

Él estableció el cielo y la tierra como reinos separados.

Él creó el orden celestial que sostiene la vida.

Él formó el límite entre dimensiones físicas y espirituales.

Él preparó el escenario para las luminarias del Día 4.

Esta fue la única obra del Día 2 — formación, no llenado.

El Día 2 es el día de estructura, límite, separación y preparación para el desarrollo de la creación y la redención.

Capítulo 3

Las Cuatro Grandes Obras De La Creación

Jubileos 2:5–8 y Bereshith 1:9–13

3.1 – DÍA 3 – INTRODUCCIÓN: LAS CUATRO GRANDES OBRAS DEL DÍA 3

Jubileos 2:8 declara claramente:

"Estas cuatro grandes obras creó Êlôhîym en el tercer día."

Estas obras están entre las más fundamentales para la existencia de la vida y el destino de la humanidad.

3.2 – OBRA 9: LA REUNIÓN DE LAS AGUAS EN UN SOLO LUGAR

Jubileos 2:5

"Él ordenó que las aguas pasaran de sobre la faz de toda la tierra a un solo lugar..."

Jubileos 2:6

"Las aguas... se retiraron de sobre la faz de la tierra a un solo lugar fuera de este firmamento..."

Bereshith 1:9

"Que las aguas debajo de los shamayim se reúnan en un solo lugar..."

A. Lo Que Esto Significa

Antes del Día 3, toda la tierra estaba sumergida. Las aguas cubrían todo — un océano global, un mundo sin tierra visible. Yahuah entonces emitió un mandamiento, no una sugerencia: las aguas se mueven, las aguas se retiran, las aguas retroceden, las aguas obedecen. Esta es la primera vez que la creación se mueve en obediencia a Su voz.

B. Las Aguas se Reúnen "Fuera del Firmamento" — ¿Qué Significa Esto?

Jubileos revela algo que Bereshith solo insinúa: las aguas retrocedieron a sus reservorios asignados, en lugares fuera de la atmósfera del firmamento, en las profundidades, fosas y límites exteriores que Yahuah estableció.

Esto significa que los océanos, los reservorios profundos, las fuentes subterráneas, los grandes abismos fueron colocados exactamente donde Yahuah los predeterminó.

Por eso las culturas antiguas hablan de "las aguas debajo de la tierra" — Môsheh confirma esto en la Torá.

C. Significado Profético

La reunión de las aguas revela que Yahuah gobierna las fuerzas de la naturaleza. Nada es caótico. Nada es accidental. El mar no permanece en su lugar por casualidad geológica — permanece porque Yahuah lo ordenó.

Él establece límites que no pueden ser cruzados.

Así como se establecieron límites entre cielo y tierra en el Día 2, ahora se establecen límites entre tierra y mar en el Día 3.

Esto anticipa los límites espirituales entre justicia y maldad.

Yahuah también prepara el mundo para ser habitada.

La tierra debe emerger antes de la vegetación, animales, humanidad, naciones y Edén.

El Día 3 es el comienzo del destino humano.

3.3 – OBRA 10: LA NEBLINA / ROCÍO

Antes de que la vegetación pudiera aparecer en la tierra, Yahuah estableció un sistema de humedad que sostendría la tierra antes de que existiera la lluvia. Esta neblina o rocío divino subía de la tierra, preparando el suelo para la vida.

Esta obra corresponde al equilibrio atmosférico e hidrológico necesario para los ecosistemas.

Bereshith 2:5–6 describe esta realidad:

"...porque Yahuah Elohiym no había hecho llover sobre la tierra... Pero subía de la tierra una neblina, y regaba toda la faz del suelo."

Esta neblina es una provisión sustentadora, un sistema que da vida, una bendición silenciosa e invisible, una señal de que la creación estaba siendo preparada desde adentro hacia afuera.

Antes de que el hombre tocara el suelo, Yahuah mismo lo regó.

El Rocío/Neblina representa dependencia (la vida fluye de Yahuah), renovación (el rocío de la mañana simboliza misericordia) y preparación (la tierra es preparada antes de que la semilla aparezca).

El rocío es el primer "sistema de irrigación" del mundo.

Prepara la escena para la siguiente Obra.

3.4 – OBRA 11: PLANTAS – CREACIÓN DE TODA LA VEGETACIÓN

Este es el clímax del Día 3.

Jubileos 2:7 declara:

"...y la semilla que es sembrada, y todas las cosas que brotan, y los árboles que dan fruto, y los árboles del bosque, y el jardín del Edén en Edén, y todas las plantas según su especie."

Bereshith 1:11–12 confirma:

"Que la tierra produzca hierba... planta que dé semilla... árbol frutal que dé fruto según su especie..."

La tierra, una vez formada y regada, ahora se llena de vida.

A. La Semilla que es Sembrada

La semilla es el fundamento de la continuidad generacional — en toda dimensión:

biológica (la vida se reproduce),

agrícola (comienzan los sistemas alimentarios),

espiritual (emerge el principio de sembrar y cosechar),

profética (todo lo que Yahuah hace inicia como semilla),

redentiva (la Semilla prometida de la Mujer).

Antes de que la humanidad aparezca, Yahuah planta semilla en la tierra, preparando el mundo con sustento.

La provisión precede al propósito.

B. Cosas que Brotaron

Estas son las primeras plantas vivas que emergen de la tierra. La tierra responde inmediatamente a Su voz.

El suelo ya está preparado por la neblina; ahora libera la vida escondida dentro della.

Las cosas que brotan representan la capacidad de respuesta a Yahuah, los primeros signos visibles de vida en la tierra y el principio de obediencia inmediata en la naturaleza.

Nada se retrasa. La creación responde perfectamente.

C. Árboles que Dan Fruto

Los árboles son centrales en la Escritura, moldeando temas

proféticos, simbólicos y redentivos:

el Árbol de la Vida,

el Árbol del Conocimiento del Bien y del Mal,

el olivo (unción, pacto),

las palmeras (victoria, justicia),

las higueras (Yasharal, discernimiento espiritual).

El fruto simboliza sustento, abundancia, bendición, justicia.

Donde aparecen los árboles, comienzan la cultura, los sistemas alimentarios y la revelación simbólica.

D. Árboles del Bosque

Bosques, árboles de madera, y ecosistemas estructurados emergen.

Estos no solo son fuentes de alimento, sino también materiales para construcción, hábitats para futuros animales, estabilizadores del clima y del suelo, y símbolos de fuerza, orden y resistencia.

Yahuah llena la tierra con una arquitectura ecológica completa.

3.5 – OBRA 12: EL JARDÍN DEL EDÉN

E. El Jardín del Edén

Este es el primer lugar en el que Jubileos menciona a Edén — y revela una verdad crucial:

Yahuah plantó Edén en el Día 3, no después del Día 6.

Esta es una revelación decisiva porque significa que Edén fue plantado antes que Adán, Edén fue totalmente preparado, Edén estaba completo con ríos, belleza y gloria.

Adán no presenció la creación de Edén.

Él fue colocado en un jardín ya terminado — una imagen perfecta de la salvación: Yahuah prepara; el hombre recibe.

Edén es el primer santuario, el primer territorio del Reino, la primera expresión de orden divino en la tierra, el modelo para la Nueva Jerusalén al final del tiempo.

F. Plantas Según su Especie

Aquí comienza la ley genética de reproducción: cada especie produce según su especie.

Esta ley se vuelve central en toda la narrativa bíblica, especialmente en relación con:

la corrupción de la humanidad por los Vigilantes,

la naturaleza híbrida de los Nefelinos,

la Pureza de la semiente escogida,

el significado de santidad ("apartado"),

la ley de separación entre especies.

La creación misma testifica:

Yahuah no mezcla especies — solo los desobedientes lo hacen.

Este principio explica los juicios del Diluvio, la separación de Yasharal, las genealogías, las advertencias contra la mezcla, la guerra en Canaán, la promesa profética de una línea mesiánica pura.

El Día 3 establece el orden biológico y espiritual Puro.

3.6 – LAS CUATRO GRANDES OBRAS DEL DÍA 3 (RESUMEN)

LAS CUATRO GRANDES OBRAS DEL DÍA 3:

Reunión de las Aguas en Un Solo Lugar

Neblina / Rocío

Creación de la Vegetación

El Jardín del Edén

Jubileos confirma:

"Estas cuatro grandes obras creó Êlôhîym en el tercer día."

El Día 3 es el día de fundamentos, ecosistemas, provisión, vida, Edén, preparación para la humanidad.

Yahuah está construyendo el hogar perfecto para Su creación — un mundo totalmente ordenado, provisto y santificado.

Capítulo 4

Las Tres Grandes Obras Del Cuarto Día

Jubileos 2:9–10 • Bereshith 1:14–19

4.1 – OBRA 13: EL SOL DESIGNADO COMO UNA GRAN SEÑAL

DÍA 4 — Jubileos 2:9

"Y Elohiym designó el sol para que fuera una gran señal sobre la tierra..."

Yôbêl 2:10 concluye:

"Estas tres clases Él hizo en el cuarto día."

En el Día 4, Yahuah estableció tres grandes obras en los cielos.

Veremos cada una.

Génesis 1:14–16

"...para señales, y para tiempos señalados, y para días, y años... la lumbrera mayor para señorear en el día..."

4.2 – EL SOL ES UNA DESIGNACIÓN DIVINA, NO SOLO UNA LUZ

Jubileos enfatiza lo que Génesis implica: el sol es designado.

Esto significa que el sol tiene un papel divino, funciona como un testigo celestial, gobierna los ritmos terrenales y testifica del orden de Yahuah.

El sol no es un objeto de adoración, como lo convirtieron los paganos. Es un siervo, puesto en su lugar para revelar la voluntad de Yahuah en el tiempo.

4.3 – EL SOL REGULA SIETE CICLOS FUNDAMENTALES DEL TIEMPO

Jubileos 2:9 asigna al sol el gobierno de:

Días

Shabbath (ciclos semanales)

Meses

Fiestas (Mo'edim)

Años

Años Sabáticos

Jubileos

El sol es el reloj divino de Yahuah.

Establece el ciclo de 24 horas, el ciclo de Shabbath de 7 días, los ciclos agrícolas y sabáticos, el sistema de Jubileo y la estructura profética de la historia.

4.4 – EL SOL: SEPARACIÓN Y PROSPERIDAD

Jubileos 2:10

"...y separa la luz de las tinieblas y para prosperidad, para que prosperen todas las cosas que brotan y crecen sobre la tierra."

Génesis 1:17–18

"...para señorear en el día y en la noche, y para separar la luz de las tinieblas..."

4.5 – COMPLETANDO LA SEPARACIÓN INICIADA EN EL DÍA 1

Día 1 — La Luz es creada y separada de las tinieblas.

Día 4 — El sol es designado para regular visiblemente esa separación.

La Luz del Día 1 era Luz primordial, no creada.

En el Día 4, Yahuah asigna un portador físico — el sol — para gobernar el ciclo de luz y tinieblas sobre la tierra.

4.6 – EL SOL COMO MOTOR DE LA PROSPERIDAD

Jubileos revela una dimensión que Génesis no declara explícitamente: el sol fue creado "para prosperidad, para que prosperen todas las cosas que brotan y crecen sobre la tierra."

Por el movimiento ordenado del sol, los cultivos brotan y maduran, las estaciones siguen patrones predecibles, la agricultura, el alimento y el sustento son mantenidos, y toda vida que "brota y crece" depende del orden fijado por Yahuah.

La vegetación del Día 3 fue creada en expectativa del Día 4:

Yahuah formó → luego llenó.

Yahuah plantó → luego iluminó.

Yahuah preparó → luego sostuvo.

El Día 4 completa lo que el Día 3 comenzó.

4.7 – LA LUZ DE YAHUSHA ESTABLECE EL COMIENZO DE CADA DÍA

La Luz que aparece en el Día 1 no es solo la primera Luz de la creación — es la Luz que inicia cada día desde el fundamento del mundo hasta el final del tiempo.

Antes de cualquier amanecer, antes de que aparezca cualquier lumbrera física, Yahusha mismo es el que enciendel día.

Esta Luz no es simbólica. Es funcional, celestial y perpetua.

4.8 – YAHUSHA ES LA PRIMERA LUZ DE CADA DÍA

Desde el Día 1 hasta el Día 3 el día comienza con Su Luz, la creación es ordenada por Su presencia, y las tinieblas huyen ante Su resplandor.

Y este patrón no se detiene después del Día 4.

Incluso después de que el sol es designado para gobernar los ciclos de la luz del día, el verdadero comienzo de cualquier día es determinado por la Luz de Yahusha — no por el sol; el sol es un siervo; Yahusha es la fuente; el sol mide; Yahusha inicia; el sol gobierna el ciclo; Yahusha define el momento en que comienza.

4.9 – EL DÍA COMIENZA CUANDO LA LUZ DE YAHUSHA BRILLA – NO CUANDO EL SOL SALE

Esto significa que el día comienza con la Luz del Mesías, el amanecer solo refleja lo que Yahusha ya inició, el sol no comienza el día, el sol manifiesta la Luz ya declarada, y la Luz de Yahusha gobierna el tiempo antes de que el sol la imite.

La creación se mueve según la Luz del Cordero.

Esto permanece cierto en la creación final:

Apocalipsis 22:5

"No habrá allí más noche... porque Yahuah Elohiym los iluminará."

La Luz del Cordero inicia el día eterno, inició el primer día, y comienza cada día intermedio.

4.10 – EL SOL SIRVE COMO MEDIDA, NO COMO ORIGEN

En el Día 4, Yahuah designa el sol para gobernar el día, marcar el tiempo, medir las estaciones e ilustrar la Luz de Yahusha en el mundo físico.

Pero el sol nunca es el origen del día. Es el instrumento que marca el ritmo que Yahusha mismo inicia.

El sol es el reloj, pero Yahusha es el que pone el tiempo en marcha.

Por eso el Cordero es la Lámpara en Apocalipsis:

Él establece el día, sostiene el día, cierra el día y abre el siguiente día.

Él es el Alfa de cada día y la Omega de cada noche.

4.11 – LA LUZ INICIADORA DEL DÍA DE YAHUSHA

"La Luz revelada en el Día 1 — Yahusha mismo — es la Luz que comienza cada día de la creación. Incluso después de que el sol fue designado en el Día 4 para gobernar y medir la luz del día, el verdadero comienzo del día sigue siendo fijado por la Luz de Yahusha, no por el sol. El sol sirve como marcador físico, pero Yahusha es el que enciende e inicia cada día desde el principio de la creación hasta el final. Él es la primera Luz de cada día, la fuente del tiempo y Aquel por quien el ciclo de día y noche es sostenido."

4.12 – UNA COMPRENSIÓN CLARA DE BERĒSHĪṮH (GÉNESIS) 1:5

Restaurando el Significado Bíblico de "Día," "Tarde" y "Mañana"

Berēshīṯh (Génesis) 1:5

"Y ĚLÔHÎYM (אֱלֹהִים) llamó a la luz Día (yôm), y a las tinieblas llamó Noche. Y fue la tarde (ereb) y fue la mañana (bôqer) el día primero."

La mayoría de las personas citan este versículo pero no examinan el hebreo.

Aquí está la restauración completa sin alterar ninguna de tus palabras:

4.13 – EL SIGNIFICADO DE "DÍA" – YÔM

Yôm significa un ciclo completo de 24 horas, compuesto de dos mitades iguales:

12 horas de tarde/noche □ aproximadamente 6pm–6am

12 horas de mañana/luz del día □ aproximadamente 6am–6pm

Así, yôm = un día completo de 24 horas.

4.14 – EL SIGNIFICADO DE "TARDE" – EREB

Ereb se refiere a todo el ciclo nocturno, aproximadamente 6pm–6am, e incluye el crepúsculo, la tarde, la noche y la mezcla de la luz que se desvanece.

Tiene dos puntos de crepúsculo:

Alrededor de las 5:59pm → comienzo de la noche

Alrededor de las 5:59am → fin de la noche

La tarde se mezcla con la mañana porque ambas pertenecen al mismo ciclo continuo.

4.15 – EL SIGNIFICADO DE "MAÑANA" – BÔQER

Bôqer marca el ciclo diurno, aproximadamente 6am–6pm,

incluyendo el amanecer y la mañana.

Comparte las mismas transiciones de crepúsculo que ereb, probando que son mitades complementarias de un mismo yôm.

4.16 – PROGRESIÓN ESCRITURARIA EN GÉNESIS 1:5

El Día aparece primero:

"Y Elohiym llamó a la luz Día (yôm)..."

La Noche aparece segunda:

"...y a las tinieblas llamó Noche."

La Tarde se menciona como el desarrollo de la noche:

"Y fue la tarde (ereb)..."

La Mañana sigue como el retorno del día:

"...y fue la mañana (bôqer)..."

Juntas forman el día:

"...el día primero (yôm)."

Por lo tanto:

El día bíblico comienza con la LUZ, no con las tinieblas.

4.17 – EL PUNTO CENTRAL

Génesis 1:5 muestra claramente:

El día comienza con la luz, continúa hacia la noche y termina cuando la mañana devuelve la luz otra vez.

Un día bíblico completo = 24 horas, tarde + mañana.

4.18 – OBRA 14: LA LUNA DESIGNADA PARA SEÑOREAR EN LA NOCHE

Jubileos 2:9–10 • Génesis 1:14–16

El sol es la principal "gran señal," la luna y las estrellas son lumbreras en el firmamento, y juntos los luminares gobiernan la luz y las tinieblas sobre la tierra.

Génesis 1:16

"La lumbrera mayor para señorear en el día, y la lumbrera menor para señorear en la noche: hizo también las estrellas."

4.19 – LA LUNA Y LAS ESTRELLAS SE UNEN AL SOL EN SERVICIO CELESTIAL

Jubileos comprime las tres lumbreras en categorías funcionales.

Juntos regulan el orden celestial, marcan señales en los cielos, acompañan a los mo'edim como testigos, participan en los ciclos agrícolas y estacionales, determinan día y noche e iluminan el firmamento.

El sol es el principal regente y marcador del tiempo.

La luna y las estrellas son luces y señales secundarias, nunca relojes independientes.

4.20 – OBRA 15: LAS ESTRELLAS DESIGNADAS COMO TESTIGOS PROFÉTICOS

4.21 – LAS ESTRELLAS COMO TESTIGOS PROFÉTICOS

Las estrellas no son decoraciones aleatorias.

La Escritura las describe como el "ejército de los shamayim," asociadas con los hijos de Elohiym (Job 38), y parte de las señales en los cielos (Lucas 21:25).

El Día 4 crea una infraestructura profética en el cielo — un testimonio visible de que el tiempo, la historia y el destino están bajo el control de Yahuah.

4.22 – LA LUNA Y LA ADVERTENCIA DE YAHUAH

(Por Qué la Luna Nunca Fue Designada para Autoridad de Calendario)

Aunque Yahuah creó la luna como la "lumbrera menor" para señorear en la noche (Génesis 1:16), Jubileos hace una distinción crucial: el sol es designado sobre el calendario bíblico; a la luna nunca se le da autoridad sobre meses, años, fiestas, Shabbaths, ciclos sabáticos o jubileos.

4.23 – SOLO EL SOL ES DESIGNADO SOBRE EL CALENDARIO

Jubileos 2:9

"Y Elohiym designó el SOL para que fuera una gran señal... para días, para Shabbath, para meses, para fiestas, para años, para años sabáticos, para jubileos y para todas las estaciones de los años."

El texto es explícito:

días, Shabbath, meses, fiestas, años, años sabáticos, jubileos y todas las estaciones están bajo la autoridad del sol, no de la luna.

4.24 – EL AÑO SOLAR DE 364 DÍAS ESCRITO EN LAS TABLAS CELESTIALES

Jubileos 6:32

"Observen los años conforme a este cómputo—364 días..."

Yahuah ordena un año de 364 días, 52 semanas, un orden solar fijo.

Esto impidel desplazamiento de las fiestas, el cambio de los Shabbaths, la corrupción de las estaciones.

Jubileos dice que esta división está escrita en las tablas celestiales para que Yasharal no olvide las fiestas (6:35).

4.25 – LA ADVERTENCIA PROFÉTICA CONTRA LA OBSERVANCIA LUNAR

Jubileos 6:33–38 advierte que si Yasharal adopta la observación lunar, las estaciones serán perturbadas, las fiestas caerán en días equivocados, los años serán trastornados, los Shabbaths y festivales serán corrompidos y lo santo será mezclado con lo profano.

Jubileos 6:36 da el problema central:

"Ellos harán observaciones de la luna, cómo... viene de año en año diez días demasiado pronto."

Un año lunar no puede alinearse con el año de 364 días.

El resultado: fiestas que se desplazan, Shabbaths desalineados, estaciones corrompidas.

Jubileos 6:38 concluye que quien use la luna para meses, años, fiestas, Shabbaths, jubileos "se equivocará en cuanto a los nuevos meses y las estaciones y el Shabbath y las festividades..."

4.26 – CONCLUSIÓN FINAL SOBRE LA LUNA

Solo el sol fue designado para el calendario bíblico.

La luna es creada para la noche, para luz, para belleza y alabanza (Salmo 148), pero no para meses, años, fiestas, Shabbaths, jubileos o estaciones.

4.27 – SIGNIFICADO TEOLÓGICO Y PROFÉTICO DEL DÍA 4

Yahusha Prefigurado en el Sol

Así como el sol da luz al mundo, Yahusha declara: "Yo soy la Luz del mundo."

El sol es el símbolo físico de la Luz espiritual.

El Día 4 Prepara a la Humanidad para la Adoración en Pacto

Sin ciclos de Shabbath, ciclos de fiestas, ciclos anuales y de jubileo, Yasharal no podría caminar en el tiempo de la Torá.

El Día 4 construye el marco para la futura obediencia del pacto.

El Día 4 Establece el Calendario Celestial

El verdadero calendario bíblico es celestial, estructurado por el sol como señal principal y las lumbreras como testigos.

El Día 4 Completa lo que el Día 1 Comenzó

Día 1 → aparición de la Luz

Día 4 → designación de los portadores de luz

Yahuah nunca deja Sus patrones incompletos.

4.28 – RESUMEN FINAL DEL DÍA 4

En el cuarto día, Yahuah estableció el reloj celestial, el calendario profético, los ciclos agrícolas y de prosperidad, la separación de la luz y las tinieblas, y el marco para todos los tiempos señalados y la historia de la redención.

El Día 4 es el día de orden, gobierno y tiempo divino—arraigado en el sol designado por Yahuah, con la luna y las estrellas como luces y testigos de apoyo, nunca como relojes rivales.

Capítulo 5

Las Tres Grandes Obras Del Quinto Día

Yôbêl (Jubileos) 2:11–12 • Bereshith (Génesis) 1:20–23)

5.1 – DÍA 5 – LAS TRES GRANDES OBRAS DEL QUINTO DÍA

Yôbêl (Jubileos) 2:12 concluye:

"Estas tres clases Él creó en el quinto día."

En este día, Yahuah llena los reinos del agua y del cielo con seres vivientes — los primeros nephesh chayah (almas vivientes) de carne y sangre. El Día 5 marca el comienzo de la vida en movimiento y respiración que nada, se desliza y vuela dentro de la creación.

5.2 – OBRA 16: LA CREACIÓN DE LOS GRANDES MONSTRUOS MARINOS

Yôbêl 2:11

"Él creó grandes monstruos marinos en las profundidades de las aguas, porque estas fueron las primeras cosas de carne que fueron creadas por Sus manos..."

Bereshith 1:21

"Y Êlôhîym creó los grandes monstruos marinos..."

A. Los "Grandes Monstruos Marinos" — Tannîyn

La palabra hebrea en Bereshith es תַּנִּינִת (tannîyn), que significa grandes serpientes, poderosas criaturas marinas, dragones marinos y monstruos de aguas profundas. Jubileos los confirma como "grandes monstruos marinos en las profundidades de las aguas."

No son peces comunes, sino seres colosales, antiguos animales acuáticos, gobernantes primordiales del abismo y las primeras criaturas de carne que Yahuah hizo. Ellos testifican del poder y la majestad de Yahuah en los lugares invisibles de la creación.

B. "Las Primeras Cosas de Carne Creadas por Sus Manos"

Antes del Día 5 no había sangre, ni carne, ni criaturas nephesh — solo tierra, mares, vegetación y los cielos ordenados.

El Día 5 introduce sangre y circulación, movimiento e instinto, sistemas biológicos complejos y ecosistemas acuáticos completos.

La vida se vuelve animada por primera vez en la historia de la creación.

C. Significado Profético de las Criaturas Marinas

En la Escritura, el mar a menudo simboliza las naciones (Apocalipsis 17:15), el caos y lo desconocido y los misterios profundos de Yahuah.

Los grandes monstruos marinos proclaman el dominio de Yahuah sobre el abismo, Su autoridad sobre poderes visibles e invisibles y Su señorío en reinos dondel hombre no puede llegar.

Su existencia declara: No hay ningún reino—agua, tierra o cielo—donde Yahuah no reine.

5.3 – OBRA 17: TODAS LAS CRIATURAS QUE SE MUEVEN EN LAS AGUAS

Yôbêl 2:11

"...los peces y todo lo que se mueve en las aguas..."

Bereshith 1:20

"Que las aguas produzcan abundantemente criaturas que se muChawwâhn y que tengan vida..."

A. "Todo lo que se Mueve"

El hebreo enfatiza abundancia y movimiento. El Día 5 incluye cardúmenes de peces, crustáceos y moluscos, reptiles acuáticos y criaturas anfibias, vida microscópica, especies de ríos, lagos y océanos, mamíferos marinos y criaturas que se arrastran en las profundidades.

Todo organismo que nada, se desliza, se arrastra o se lanza a través de las aguas se origina en este mandato.

Yahuah llena las aguas con vida desbordante.

B. Un Mundo Acuático Totalmente Diseñado

El Día 5 establece ecosistemas y cadenas alimentarias, patrones de migración y navegación, programación instintiva, ciclos reproductivos y relaciones simbióticas.

Cada especie se reproduce "según su especie," llevando el código genético que Yahuah diseñó.

C. La Creación Obedece al Instante

Como en los días anteriores: "Y fue así."

Desde los arroyos poco profundos hasta los abismos más oscuros, las aguas responden a la palabra de Yahuah y estallan en vida.

5.4 – OBRA 18: TODAS LAS CRIATURAS VOLADORAS

Yôbêl 2:11

"...y todo lo que vuela, las aves y todas sus clases."

Bereshith 1:21

"...y toda ave alada según su especie..."

A. Un Cielo Lleno de Alas

La expresión abarca todo lo que vuela: aves de todo tamaño y color; águilas, palomas, gorriones, búhos y buitres; murciélagos y mamíferos planeadores; e insectos voladores.

El hebreo עוף (oph) incluye cualquier criatura alada o aérea.

El cielo vacío se convierte en un reino vivo con movimiento y sonido.

B. El Don del Vuelo

El vuelo es un milagro de diseño — huesos huecos y livianos; estructuras intrincadas de plumas; geometría de alas y aerodinámica; e instintos internos de navegación y migración.

Todo esto aparece completo y totalmente funcional desde el primer momento — sin evolución, sin azar, sin desarrollo gradual.

Yahuah habla, y el cielo se llena instantáneamente de criaturas completamente formadas.

C. Significado Profético

Las aves a menudo simbolizan mensajes y rapidez, protección y cobertura, vigilancia y atención espiritual.

Yahusha usa las aves para enseñar confianza en Yahuah: "Consideren los cuervos…" (Luqas 12:24).

Las criaturas voladoras predican en silencio que Yahuah provee.

5.5 – EL SOL SE ELCHAWWÂH PARA PROSPERAR TODA VIDA

Yôbêl 2:12

"Y el sol se elevó sobre ellas para prosperarlas, y sobre todo lo que estaba sobre la tierra, todo lo que brota de la tierra y todos los árboles frutales y toda carne."

Este versículo une el Día 3 de vegetación, el Día 4 del nombramiento del sol y el Día 5 de criaturas vivientes del agua y del cielo.

Que el sol "las prospere" significa que toda vida depende de la lumbrera designada por Yahuah; la prosperidad está incorporada en la creación por diseño divino; la vida vegetal y animal florece bajo Su sistema ordenado.

Esta es la armonía previa a la corrupción — la creación funcionando exactamente como Yahuah la destinó.

5.6 – LAS TRES CLASES CREADAS EN EL QUINTO DÍA

Las "tres clases" son los grandes monstruos marinos; todo lo que se mueve en las aguas; y todo lo que vuela — las aves y todas sus clases.

Juntas llenan las aguas y los mares, los ríos y arroyos, el cielo sobre la tierra y tanto las costas visibles como las profundidades ocultas.

El Día 5 es el día en que Yahuah llena los reinos que Él formó anteriormente.

5.7 – SIGNIFICADO TEOLÓGICO Y PROFÉTICO DEL DÍA 5

La Vida Comienza a Moverse

Los Días 1–4 crearon luz, estructura y sistemas. El Día 5 introduce vida nephesh — criaturas con movimiento, instinto e interacción.

Yahuah se Revela como la Fuente de Toda Vida

Ningún sistema de agua, ecosistema o luz solar puede crear carne por sí mismo. Jubileos enfatiza que las primeras cosas de carne fueron creadas por Sus manos.

Llenar Sigue a Formar

Día 1 ☐ Shâmayim

Día 2 ☐ Aguas divididas

Día 3 ☐ Tierra y vegetación

Día 4 ☐ Luminarias designadas

Día 5 ☐ Aguas y cielo llenos

Día 6 ☐ Tierra llena

Yahuah primero forma, luego llena.

El Nombramiento del Sol y el Tiempo Perfecto

El sol prospera las plantas del Día 3, las criaturas del Día 5 y toda la tierra bajo sus ciclos ordenados.

La Primera Bendición Sobre Criaturas Vivientes

En Bereshith 1:22, Yahuah las bendice: "Sean fructíferos y multiplíquense."

La multiplicación no es invención humana — está incorporada en la creación por la bendición de Yahuah.

5.8 – DÍA 5 – RESUMEN FINAL

El Día 5 marca la introducción de toda vida carnal, la creación de los grandes monstruos marinos, el llenado de los océanos con criaturas abundantes, el llenado de los cielos con seres voladores, el comienzo de la reproducción biológica, la prosperidad de la vida bajo el sol designado y la armonía visible de la creación bajo el diseño perfecto de Yahuah.

El Día 5 es el día de la vida en movimiento — criaturas que nadan y vuelan — y la gloria de Yahuah mostrada en seres vivientes que habitan los reinos que Él formó.

5.9 – LAS DOS GRANDES CRIATURAS DE LA CREACIÓN DE YAHUAH

Liwyâthân (וְתִיּוֹל) — Príncipe de las Profundidades

Zîyz (זִיז) — Seres Alados y de Campo que Merodean

Estas dos categorías en las escrituras profundizan la teología del Día 5.

I. LIWYÂTHÂN (וְתִיּוֹל): EL GRAN MONSTRUO MARINO DE YAHUAH

(Job 41)

A. Una Criatura que la Humanidad No Puede Controlar

"¿Sacarás tú a Liwyâthân con anzuelo?" — Iyob 41:1

Respuesta implícita: no.

Ningún ser humano puede engancharlo, atarlo, domarlo o someterlo.

Es demasiado poderoso, demasiado temible y más allá de la tecnología y fuerza humanas.

Se mantiene como un soberano primordial de las aguas, pero completamente bajo el mandato de Yahuah.

B. Un Verdadero Titán del Día 5

A la luz de Yôbêl 2:11, Liwyâthân representa las primeras y más grandes creaciones acuáticas, la cumbre de las criaturas marinas de aguas profundas y un monumento viviente al poder de Yahuah.

C. No un Simple Símbolo ni un Animal Común

Los intentos de reducir a Liwyâthân a cocodrilo, ballena o metáfora poética no encajan con la descripción de Job 41 de escamas impenetrables, presencia aterradora en las aguas y fuerza abrumadora.

Es un verdadero titán acuático pre-Diluvio, no un mito.

D. Una Señal del Dominio de Yahuah sobre el Abismo

Job 41 trata en última instancia sobre la soberanía de Yahuah, no sobre zoología.

Los humanos no pueden domar a Liwyâthân, las armas no pueden someterlo, los ejércitos no pueden conquistarlo — pero Yahuah lo formó.

La existencia de Liwyâthân proclama: Solo Yahuah gobierna el abismo.

II. ZIYZ (זיז): LAS AVES Y LAS BESTIAS ERRANTES DEL CAMPO ABIERTO

(Salmo 50:11)

Tehilliym 50:11

"Conozco a todas las aves de los montes; y el Zîyz del campo es Mío."

Este versículo combina "todas las aves de los montes" — todas las criaturas voladoras — y "el Ziyz del campo" — vida que merodea y se lanza en los espacios abiertos.

A. Significado de "Ziyz"

La raíz זיז transmite cosa que se mueve, criatura que se lanza, bestia salvaje que merodea y vida vigorosa en el campo abierto.

No es una sola especie, sino una amplia clase de aves salvajes, animales de campo errantes, criaturas migratorias, ganado y fauna de espacios abiertos.

Ziyz captura la energía y abundancia de la vida del Día 5 en los bordes de la tierra y el cielo.

B. "Las Aves de los Montes"

Esta frase incluye aves de montaña, voladoras de valle y especies que se elChawwâhn en el cielo.

Hace eco de Jubileos 2:11: "todo lo que vuela, las aves y todas sus clases."

Los montes y campos están vivos porque Yahuah llenó los cielos en el Día 5.

C. "Son Míos" — La Posesión de Yahuah

Cuando Yahuah dice: "el Ziyz del campo es Mío," Él declara Su propiedad, omnisciencia y soberanía.

Todas las criaturas voladoras y errantes se remontan a Su palabra creadora en el Día 5.

D. Ziyz como Testigo de Abundancia

Vinculado a Bereshith 1:20: "Que las aguas produzcan abundantemente..." Ziyz encarna abundancia, movimiento, multiplicación y diversidad.

Estas criaturas se convierten en un testigo legal en el Salmo 50 de que toda la creación pertenece a Yahuah.

III. CÓMO LIWYÂTHÂN Y ZIYZ COMPLETAN EL DÍA 5

Juntos muestran el espectro completo del Día 5:

Liwyâthân representa las aguas profundas, reinos ocultos y temibles; Ziyz representa los campos abiertos y los cielos, reinos visibles y abundantes.

Combinados con todos los peces y criaturas que se mueven en las aguas y todas las aves y seres voladores en el cielo, el Día 5 se convierte en un llenado completo de las alturas (aves y cosas voladoras), las profundidades (Liwyâthân y grandes monstruos marinos) y los campos abiertos y bordes de la tierra (Ziyz y vida errante).

Cada reino que Yahuah formó ahora está lleno de vida vibrante y animada que da testimonio de Su gloria.

Capítulo 6

La Creación De Los Reinos Terrenales: Bestias, Ganado, Cosas Que Se Arrastran Y El Primordial Behemoth

Bereshith (Génesis) 1:24–25, Yôbêl (Jubileos) 2, e Iyob (Job) 40

6.1 – DÍA 6 – INTRODUCCIÓN AL DÍA 6

El Día 6 marca el momento en que Yahuah Êlôhîym llena el último reino vacío de la creación: la tierra.

Los Días 1–5 establecieron los fundamentos de la existencia: la luz y el orden, la separación de las aguas, la vegetación y los sistemas de alimento, el sol, la luna y las estrellas, y finalmente la vida acuática y la vida voladora.

Ahora Êlôhîym vuelve Su atención al suelo, ordenándole que produzca las bestias de la tierra, el ganado y los animales domésticos, las cosas que se arrastran y la gran criatura terrestre primordial — Behemoth.

Así como el Día 5 introdujo a Leviathan como gobernante de las aguas, el Día 6 se abre con Behemoth, el colosal titán de la tierra.

La humanidad aparecerá después — pero eso pertenece a la Parte 2. Esta sección se enfoca exclusivamente en todas las demás criaturas terrestres.

6.2 – OBRA 19 – LA CREACIÓN DEL TITÁN TERRESTRE: BEHEMOTH

(Contraparte Primordial de Leviathan)

Iyob (Job) 40 y las antiguas tradiciones preservadas en Jubileos revelan que Behemoth es parte de la misma pareja primordial que Leviathan.

Leviathan es gobernante de las aguas (Día 5) y Behemoth es gobernante de la tierra (Día 6).

Yahuah creó a ambos en el amanecer de la creación y los separó para la estabilidad del mundo.

Así, el Día 6 comienza con la formación de esta poderosa criatura.

A. "He aquí ahora Behemoth, al cual hice contigo"

Iyob 40:15

La frase "contigo" revela que Behemoth es parte del antiguo orden de la creación.

Fue creado mucho antes de Job y es una de las primeras bestias de la tierra, una criatura real cuya existencia testifica del poder de Yahuah.

Este lenguaje refuta la idea de que Behemoth es simbólico o mitológico.

B. Behemoth, el Come-Hierba con Fuerza Titánica

Iyob 40:15-16

"Él come hierba como un buey... su fuerza está en sus lomos, y su vigor en el ombligo de su vientre."

Es herbívoro y sin embargo posee una fuerza física inigualable.

Su inmenso poder está concentrado en los lomos, su colosal núcleo abdominal sostiene una fuerza abrumadora, su musculatura y densidad ósea son enormes y sus capacidades se extienden mucho más allá de las de los animales normales.

C. "Mueve su cola como un cedro"

Iyob 40:17

Ningún animal moderno tiene una cola que se asemeje a un cedro — enorme, rígida y poderosa.

Esto elimina interpretaciones que apuntan a hipopótamos o elefantes.

Encaja perfectamente con el gigantismo pre-Diluvio, el registro de Jubileos sobre antiguos gigantes tanto en agua como en tierra, y Behemoth como el paralelo terrestre de Leviathan.

D. "Sus huesos son como barras de hierro"

Iyob 40:18

"Sus huesos son como fuertes tubos de bronce; sus huesos son como barras de hierro."

Esto describe a una criatura de estructura extraordinaria:

densidad ósea impenetrable,

durabilidad sin igual,

tamaño pre-Diluvio descomunal,

y un cuerpo diseñado para fuerzas inmensas.

Behemoth es el titán de la tierra primitiva — incomparable en fuerza y diseño.

6.3 – OBRA 19 – YAHUAH CREA LAS BESTIAS DE LA TIERRA

Bereshith 1:24

Después de establecer al titán terrestre, Yahuah llena la tierra con todas las demás criaturas terrestres: leones, lobos, osos, elefantes, ciervos, antílopes, camellos, todos los mamíferos grandes, todos los depredadores y todos los animales que vagan por la tierra.

Cada uno es creado según su especie, sin mezcla entre órdenes genéticos.

A. Bestias Salvajes y Depredadores

Estas criaturas encarnan fuerza, dominio territorial, orden instintivo y equilibrio ecológico.

Génesis y Jubileos las presentan como totalmente formadas — no evolucionando — con programación instintiva completa.

B. Herbívoros y Pastadores

Estos incluyen antílopes, búfalos, alces, ciervos, alces gigantes y bisontes, todos alimentándose de la vegetación establecida en el Día 3.

6.4 – OBRA 20 – YAHUAH CREA EL GANADO Y LOS ANIMALES DOMÉSTICOS

Estos son los tipos domesticables, creados antes del hombre pero diseñados para su futura mayordomía: bueyes, ovejas, cabras, camellos, asnos, caballos y bovinos.

Reflejan la provisión, abundancia y propósito intencional de Yahuah.

Sus posteriores funciones — agricultura, transporte, sacrificio, imaginería de pacto, vestimenta y alimento — serán tratadas en la Parte 2 (El Hombre).

6.5 – OBRA 21 – YAHUAH CREA LAS COSAS QUE SE ARRASTRAN

Bereshith 1:24–25

Las cosas que se arrastran incluyen insectos, reptiles, anfibios, pequeños mamíferos, cavadores, habitantes del suelo y vida que se arrastra.

Ellos ocupan los reinos bajos y ocultos de la tierra, sirviendo funciones ecológicas críticas tales como polinización, descomposición, aireación del suelo y equilibrio de la cadena alimentaria.

La Torá contiene ciencia de la creación mucho antes de que la biología diera nombre a estos sistemas.

6.6 — YAHUAH VE QUE ES BUENO

Bereshith 1:25

La declaración de Yahuah "Es bueno" afirma armonía, equilibrio, orden, propósito y Puro.

No existe corrupción en esta etapa.

La depredación aún no es violenta — la creación permanece en perfecta inocencia.

6.7 – EL REGRESO DE BEHEMOTH – EL PRINCIPAL DE LOS CAMINOS DE YAHUAH

Iyob 40:19

"Él es el principal de los caminos de Êlôhîym."

Esto significa que Behemoth es el mayor animal terrestre, la cúspide de las bestias de la creación, primero en magnitud y fuerza y una criatura a la que solo Yahuah puede acercarse.

No está meramente incluido entre otros animales — él lo corona.

Así como las aguas tienen a Leviathan, los cielos tienen sus ejércitos, los mares tienen sus multitudes y la tierra tiene su Behemoth, él se mantiene como el sello terrenal del Día 6 (Parte 1), manifestando el poder, la creatividad, el dominio y la autoridad de Yahuah.

6.8 – DÍA 6 – RESUMEN FINAL

El Día 6 (Parte 1) incluye la creación de Behemoth, el titán primordial de la tierra; la formación de todas las bestias de la tierra; la creación de todos los animales pastadores y del ganado; la creación de todas las cosas que reptan y se arrastran; la estructura ecológica del reino terrestre; la armonía divina de la tierra antes de la corrupción; y a Behemoth como el testimonio de apertura y cierre del dominio de Yahuah.

El Día 6 prepara la tierra para estar estructurada, llena, armonizada, vibrante y totalmente viva.

Todos los reinos están ahora completos — los cielos, mares, cielos (atmósfera), campos, montes, profundidades, llanuras, ríos y tierra.

Todo está listo para el acto final de la creación: la humanidad, tratada en el Día 6 — Parte 2.

Capítulo 7

La Creación Del Hombre Y La Mujer: Espíritu Antes Del Cuerpo, Cuerpo Antes De La Unión, Unión En La Segunda Semana

Bereshith (Génesis) 1–2 + Yôbêl (Jubileos) 2:14–16; 3:1–14

7.1 – DÍA 6 – PARTE 2 – INTRODUCCIÓN – LOS ESPÍRITUS DEL HOMBRE Y DE LA MUJER CREADOS EN EL DÍA 1

Yôbêl (Jubileos) 2 revela que todos los espíritus conectados a la creación fueron traídos a existencia en el Día 1: ángeles, los espíritus que gobiernan los tiempos y los elementos, los espíritus de las criaturas vivientes y los espíritus del hombre y de la mujer.

Por lo tanto, el espíritu de Adán existió desde el Día 1, el espíritu de Chawwâh (Chawwâh) también existió desde el Día 1, y la humanidad comenzó espiritualmente antes de que la humanidad existiera físicamente.

Esto explica la declaración de Yahuah:

"Hagamos al hombre a Nuestra imagen, conforme a Nuestra semejanza." — Bereshith 1:26

La semejanza (identidad espiritual) ya existía. El Día 6 daría forma física a lo que había sido creado en el reino invisible.

Así, el Día 1 es el origen de todos los espíritus, y el Día 6 es la encarnación de la humanidad.

7.2 – OBRA 22 – LA FORMACIÓN DE ADÁN DEL POLVO

Bereshith 2:7

"Y Yahuah Êlôhîym formó al hombre del polvo de la tierra, y sopló en su nariz aliento de vida; y el hombre llegó a ser un alma viviente."

En este momento, el espíritu creado en el Día 1 entra en el cuerpo formado en el Día 6 por medio del aliento de Yahuah. Adán se convierte en un nephesh chay, un alma viviente — espíritu y cuerpo unidos de una manera que ninguna criatura del Día 5 o del Día 6 posee.

7.3 – YAHUAH CONCEDE DOMINIO A LA HUMANIDAD

Yôbêl 2:14

"Un hombre y una mujer Él los creó, y le dio dominio sobre todo lo que está sobre la tierra..."

Esto revela que Adán y Chawwâh comparten el mismo propósito en el Día 6, que sus destinos fueron establecidos antes de que Adán despertara, que el dominio es concedido antes de su encuentro y que ambos ya existen en espíritu.

Su dominio incluye la tierra, el mar, el cielo, las bestias, el ganado, las cosas que reptan y toda criatura viviente. La humanidad es designada gobernante bajo Yahuah — no participante en la creación, sino gobernante della.

7.4 – EL SUEÑO PROFUNDO DE ADÁN Y LA CREACIÓN DE CHAWWAH

Yôbêl 3:5

"Yahuah nuestro Êlôhîym hizo caer sobre él un sueño profundo... y tomó una costilla... y edificó a la mujer."

Este sueño profundo es una operación divina. Yahuah edifica a la mujer (וַיִּבֶן), un término de diseño arquitectónico. Chawwâh es completamente creada en el Día 6. Ella se convierte en un alma viviente, un ser completo, la encarnación física de su espíritu creado en el Día 1.

Pero aquí está la realidad crucial: Adán no la ve, Adán no sabe que ella existe, ella no es traída a él y ellos no se encuentran en el Día 6. Génesis comprime los eventos; Jubileos restaura el orden verdadero.

7.5 – ADÁN DESPIERTA EN EL DÍA 6 SIN SABER DE LA EXISTENCIA DE CHAWWAH

Cuando Adán despierta, está solo. Él cree que es el único humano. No tiene conocimiento de Chawwâh. Yahuah la mantiene oculta.

Adán comienza el resto del Día 6 sin su compañera.

¿Por qué? Porque Yahuah lo está preparando para aprender la soledad, para observar la creación, para reconocer el compañerismo, para entender su necesidad y para estar emocionalmente listo para Chawwâh.

Esto explica Bereshith 2:20:

"pero para Âdâm no se halló ayuda idónea para él."

Esto no se refiere al Día 6 — sino a la primera semana.

7.6 – LA PRIMERA SEMANA: ADÁN NOMBRA LOS ANIMALES Y SE SIENTE SOLO

Este es el detalle clave: el nombramiento de los animales ocurre después de que Chawwâh es creada, pero antes de que ella sea revelada. Adán ve las parejas entre la creación. Él siente anhelo e incompletitud. Se da cuenta de que no tiene compañera.

Durante esta semana Adán observa rebaños y manadas, ve aves y bestias en pares macho–hembra, y presencia el compañerismo en toda la creación.

Así Adán entiende la soledad — no porque Chawwâh no exista, sino porque aún no ha sido presentada. Esta es enseñanza divina por experiencia.

7.7 – LA SEGUNDA SEMANA: CHAWWÂH ES TRAÍDA A ADÁN

Yôbêl 3:6

"...y Él la trajo a él..."

Este evento ocurre al comienzo de la segunda semana, no en el Día 6.

En este momento Adán ve a Chawwâh por primera vez. Él reconoce su origen. La llama "iyshshah." Declara "hueso de mis huesos, carne de mi carne." El pacto de compañerismo comienza. La unión entre el hombre y la mujer es establecida.

Adán no pudo haber dicho "ahora sí, esta es hueso de mis huesos" a menos que hubiera vivido lo suficiente como para sentir la ausencia de compañerismo.

La revelación retrasada produce anhelo, reconocimiento, amor, gratitud y significado de pacto. Génesis da el resumen temático; Jubileos da el detalle cronológico.

7.8 – LA HUMANIDAD COMPLETA LOS 22 TIPOS

Yôbêl 2:15

"Estos cuatro tipos Él creó en el sexto día... Y hubo en total veintidós tipos."

Los cuatro tipos del Día 6 son las bestias de la tierra, el ganado, las cosas que reptan y el hombre y la mujer.

La humanidad completa las 22 obras de la creación — correspondientes a las 22 letras hebreas, los 22 caminos del orden divino y los 22 actos creativos fundamentales. El hombre y la mujer son el tipo coronante de la creación.

7.9 – YAHUAH TERMINA TODA SU OBRA

Yôbêl 2:16

"Y Él terminó toda Su obra en el sexto día..."

Esto incluye los espíritus creados en el Día 1, los reinos formados en los Días 1–3, las lumbreras en el Día 4, las criaturas en los Días 5–6, el cuerpo físico de Adán, el cuerpo físico de Chawwâh, la infusión del espíritu en la carne, el despertar de Adán, la preparación oculta de Chawwâh, la formación emocional de Adán y la futura presentación que inicia la Semana 2.

La creación está terminada — pero la revelación se desarrolla en secuencia.

7.10 – DÍA 6 – PARTE 2 – RESUMEN FINAL

El Día 6 (Parte 2) establece el orden divino de la humanidad: los espíritus del hombre y de la mujer creados en el Día 1; el cuerpo de Adán formado del polvo en el Día 6; el aliento de Yahuah haciéndolo un alma viviente; el dominio sobre la creación concedido; Adán puesto en sueño profundo; Chawwâh edificada de la costilla de Adán; Chawwâh convirtiéndose en un ser viviente en el mismo día; Adán despertando pero sin verla; Chawwâh permaneciendo oculta durante la primera semana; Adán nombrando a los animales y sintiendo su soledad; al comienzo de la Semana 2, Yahuah trayendo a Chawwâh a Adán; Adán reconociéndola, nombrándola y recibiéndola; la humanidad completando los 22 tipos; y toda la obra de la creación siendo terminada.

Este capítulo restaura la cronología precisa dada a Mosheh y preservada en Jubileos.

Capítulo 8

La Santificación Del Shabbâth

Bereshith y Jubileos: Creación, Pacto y el Reposo de Yahuah
Bereshith 2:1–3 • Yôbêl (Jubileos) 2:17–33

8.1 – DÍA 7 – INTRODUCCIÓN – LA CONCLUSIÓN DE LA CREACIÓN

Bereshith 2:1–2

"Así fueron terminados los cielos y la tierra... Y en el séptimo día Êlôhîym terminó Su obra que había hecho, y reposó..."

La creación no queda abierta ni inconclusa. Bereshith da testimonio de que los cielos y la tierra fueron terminados, de que Êlôhîym terminó Su obra y de que después reposó en el séptimo día.

Yôbêl 2:23 añade una capa escondida:

"Hubo dos y veinte cabezas de la humanidad desde Âdâm hasta Yaăqôb, y dos y veinte clases de obra fueron hechas hasta el séptimo día; este es bendito y qâdôsh; y el primero también es bendito y qâdôsh; y este sirve con aquel para santificación y bendición."

De esto aprendemos que hay veintidós cabezas de la humanidad desde Adán hasta Ya'aqôb, y hay veintidós clases de obra hechas hasta el séptimo día. Estas veintidós obras y veintidós cabezas son unidas para santificación y bendición.

Así que Bereshith muestra la conclusión de la creación, y Jubileos revela el patrón numérico y la estructura celestial detrás della. El Séptimo Día no es un día de formar ni de llenar. Es el día de santificación, de bendición y de pacto. En este día, Yahuah toma lo que ha hecho y separa un día, un pueblo y un ritmo de tiempo para Sí mismo.

8.2 – EL SHABBÂTH HECHO UNA GRAN SEÑAL

Yôbêl 2:17

"Y Él nos dio una gran señal, el día de Shabbâth, para que trabajáramos seis días, pero guardáramos Shabbâth en el séptimo día de toda obra."

Bereshith 2:3

"Y Êlôhîym bendijo el séptimo día y lo santificó..."

Juntos revelan que Bereshith describe la bendición y la santificación del día, mientras que Jubileos explica que este día es una gran señal. Shabbâth no es simplemente "un día de reposo". Es el sello de la creación, la señal de que el tiempo pertenece a Yahuah y la marca que separa seis días de trabajo del séptimo día de qodesh.

Desde el principio, el tiempo es dividido, el trabajo es limitado y la santidad es estructurada. Yahuah escribe una señal en el ciclo semanal — y esa señal es el Shabbâth.

8.3 – SHABBÂTH OBSERVADO EN EL CIELO POR DOS ÓRDENES DE ÁNGELES

Yôbêl 2:18

"Y todos los ángeles de la Presencia y todos los ángeles de la Santificación, estas dos grandes clases, Él nos ha ordenado que guardemos el Shabbâth con Él en los shamayim y en la tierra."

Bereshith nos dice que Êlôhîym reposó. Jubileos abre la escena celestial.

En el Cielo, los ángeles de la Presencia están delante de Yahuah y son mensajeros del trono. Los ángeles de la Santificación guardan la santidad y presiden sobre tiempos y espacios qodesh. Estas dos grandes clases son específicamente ordenadas a guardar el Shabbâth con Él. Este privilegio no es dado a todos los ángeles — solo a estas órdenes más altas.

Asimismo en la tierra, este privilegio será dado solo a Su pueblo apartado, no a toda la humanidad. De este modo Bereshith revela que el Séptimo Día es bendito y santificado, mientras que Jubileos revela que es guardado activamente en el Cielo por las órdenes angelicales más altas.

El Cielo guarda el ritmo de la creación aun antes de que la humanidad sea instruida. Shabbâth es primero una práctica celestial, luego un don de pacto.

8.4 – UN PUEBLO SEPARADO DE LA TIERRA PARA GUARDAR SHABBÂTH

Yôbêl 2:19

"Y Él nos dijo: He aquí, Yo separaré para Mí un pueblo de entre todos los pueblos, y estos guardarán el día de Shabbâth, y Yo los santificaré para Mí como Mi pueblo, y los bendeciré; así como Yo he santificado el día de Shabbâth y lo santifico para Mí mismo, de igual manera Yo los bendeciré, y ellos serán Mi pueblo y Yo seré su Êlôhîym."

Bereshith 2:3 nos dice que Êlôhîym santificó el Shabbâth, pero no quién en la tierra sería encargado de guardarlo. Jubileos revela que Shabbâth es para un pueblo separado y para un pueblo de pacto escogido, y que no es dado universalmente a todas las naciones de la misma manera.

Lo que Yahuah hace con el día — Él lo santifica y lo bendice — Él lo hace con un pueblo. Él los santifica, Él los bendice, Él los llama "Mi pueblo" y declara: "Yo seré su Êlôhîym." El día santificado se convierte en una marca de pacto, y el pueblo de pacto refleja el día en santificación.

8.5 – LA DESCENDENCIA DE YAᵈAQÔB ESCOGIDA COMO PRIMOGÉNITA DEL SHABBÂTH

Yôbêl 2:20

"Y Yo he escogido la simiente de Yaăqôb de entre todo lo que he visto, y lo he escrito como Mi hijo primogénito, y lo he santificado para Mí por siempre jamás; y Yo les enseñaré el día de Shabbâth, para que guarden Shabbâth en él de toda obra."

Bereshith establece el día; Jubileos revela quién lo recibe. Ya'aqôb (Yasharal) es escrito como el hijo primogénito de Yahuah. Él y su descendencia son santificados para siempre, y Yahuah mismo dice: "Yo les enseñaré el día de Shabbâth, para que guarden Shabbâth en él de toda obra."

Así Shabbâth se convierte en identidad nacional, en herencia de pacto y en señal de pertenencia a Yahuah. No es descubierto por sabiduría humana; es enseñado por Yahuah a Su nación primogénita.

8.6 – SHABBÂTH UNE EL CIELO Y LA TIERRA

Yôbêl 2:21

"Y así Él creó en él una señal conforme a la cual ellos deberían guardar Shabbâth con nosotros en el séptimo día, para comer y beber y para bendecir a Aquel que ha creado todas las cosas, así como Él ha bendecido y santificado para Sí mismo un pueblo peculiar sobre todos los pueblos, y para que ellos guarden Shabbâth junto con nosotros."

En el Cielo, los ángeles de la Presencia y los ángeles de la Santificación guardan Shabbâth. En la Tierra, el pueblo de pacto de Ya'aqôb guarda Shabbâth. Todos son llamados a guardar Shabbâth juntos, a comer y beber y a bendecir a Aquel que ha creado todas las cosas, así como Él ha bendecido y santificado para Sí mismo un pueblo peculiar sobre todos los pueblos para que guarden Shabbâth junto con los ejércitos celestiales.

Shabbâth es el único día que se observa en el templo celestial y en la comunidad de pacto terrenal con el mismo patrón. El Séptimo Día se convierte en el puente entre reinos, la liturgia compartida del Cielo y de Yasharal.

8.7 – SHABBÂTH COMO OBEDIENCIA DE OLOR GRATO

Yôbêl 2:22

"Y Él hizo que Sus mandamientos ascendieran como un suave aroma aceptable delante de Él todos los días."

Jubileos revela que la obediencia a Sus mandamientos — y especialmente al Shabbâth — asciende como un suave aroma ante Él. Shabbâth es ley, señal y límite, pero también es adoración — una fragancia de obediencia y amor que deleita a Yahuah. Cada generación que guarda fielmente Shabbâth se vuelve parte de esta fragancia continua delante de Su trono.

8.8 – EL MISTERIO DE LAS 22 CABEZAS Y LAS 22 OBRAS

Yôbêl 2:23–24

"Hubo dos y veinte cabezas de la humanidad desde Âdâm hasta Yaăqôb, y dos y veinte clases de obra fueron hechas hasta el séptimo día; este es bendito y qâdôsh; y el primero también es bendito y qâdôsh; y este sirve con aquel para santificación y bendición.

Y a este, Yaăqôb y su descendencia, les fue concedido que ellos fueran siempre los benditos y qâdôsh del primer testimonio y ley, así como Él había santificado y bendecido el día de Shabbâth en el séptimo día."

Antes vimos este versículo en la introducción; ahora su significado se despliega. Hay veintidós clases de obra hasta el Séptimo Día y veintidós cabezas de la humanidad desde Adán hasta Ya'aqôb. Ambos son benditos y qadosh y trabajan juntos "para santificación y bendición."

A Ya'aqôb y a su descendencia les es concedido que sean siempre los benditos y qadosh del primer testimonio y ley, así como Él había santificado y bendecido el día de Shabbâth en el séptimo día. El patrón es claro: las obras de la creación (veintidós), las cabezas de la humanidad (veintidós), el pueblo de pacto (Yasharal) y el día de pacto (Shabbâth) son tejidos juntos en una sola estructura de testimonio, ley y bendición.

8.9 – SHABBÂTH, LEY Y LA PENA DE MUERTE

Yôbêl 2:25–27

"Él creó los shamayim y la tierra y todo lo que Él creó en seis días, y Êlôhîym hizo qadosh el séptimo día por todas Sus obras; por lo tanto Él mandó a causa de él que, cualquiera que haga alguna obra en él morirá, y que el que lo contamine ciertamente morirá...

Por lo cual tú mandas a los hijos de Yâshârêl que observen este día...

Y cualquiera que lo profane ciertamente morirá, y cualquiera que haga en él alguna obra ciertamente morirá eternamente..."

Verdades clave emergen. El séptimo día es qadosh por todas Sus obras. Cualquiera que trabaje en él o lo profane está bajo sentencia de muerte. Shabbâth está ligado a permanecer en la tierra; la violación trae ser arrancado.

Porque Shabbâth es la señal del pacto, quebrantarlo es quebrantar el pacto. Contaminarlo es como arrancar el sello que marca la pertenencia a Yahuah.

8.10 – SHABBÂTH MÁS SANTO QUE CUALQUIER JUBILEO O FIESTA

Yôbêl 2:30

"Porque ese día es más qâdôsh y bendito que cualquier día de jubileo de los jubileos..."

Aquí Jubileos revela la jerarquía de santidad. Shabbâth es más qadosh que todos los demás mo'edim. Shabbâth está por encima de los años sabáticos. Shabbâth está por encima incluso de los años de Jubileo.

Es el día santo supremo de la creación, que se yergue sobre las fiestas anuales, los ciclos de siete años y los ciclos de cincuenta años. Shabbâth es el ritmo maestro que define todos los demás tiempos sagrados.

8.11 – SHABBÂTH EXISTÍA EN EL CIELO ANTES DE QUE LA TIERRA LO CONOCIERA

Yôbêl 2:30

"...en este nosotros guardábamos Shabbâth en los shamayim antes de que fuera dado a conocer a carne alguna que guardara Shabbâth en él sobre la tierra."

Antes de que a cualquier humano se le ordenara guardarlo, Shabbâth ya era observado en el Cielo. Por lo tanto, Shabbâth es eterno, no temporal. Es parte del propio patrón de Yahuah, no simplemente una disciplina humana. No es inventado; es revelado.

El Cielo guardaba Shabbâth antes de que ningún hombre conociera su nombre.

8.12 – SHABBÂTH NO FUE DADO A TODAS LAS NACIONES

Yôbêl 2:31

"El Bârâ de todas las cosas lo bendijo, pero Él no santificó a todos los pueblos y naciones para guardar Shabbâth en él, sino solo a Yâshârêl: A ellos solamente Él les permitió comer y beber y guardar Shabbâth en él sobre la tierra."

Jubileos es explícito: Él no santificó a todos los pueblos y naciones para guardar Shabbâth en él, sino solo a Yasharal. A ellos solamente Él les permitió comer y beber y guardar Shabbâth en él sobre la tierra.

Así, Shabbâth es un privilegio santo restringido, una señal de familia y una herencia nacional. Ellos son invitados al mismo reposo y deleite que disfruta el Cielo.

8.13 – LAS LEYES DEL SHABBÂTH SE ORIGINAN DIRECTAMENTE DE YAHUAH

Yôbêl 2:29

"Declara y di a los hijos de Yâshârêl la ley de este día... que no es lícito hacer en él ninguna obra que sea impropia, hacer en él su propio placer, y que no deben preparar en él nada para comer o beber, y que no es lícito sacar agua, ni meter ni sacar en él por sus puertas ninguna carga que no se hayan preparado para sí mismos en el sexto día... Y no traerán ni sacarán de casa en casa en ese día..."

De esto aprendemos: no es lícito hacer en él ninguna obra que sea impropia; no es lícito hacer en él su propio placer (incluyendo relaciones sexuales en Shabbâth); no deben preparar en él nada para comer o beber; no es lícito sacar agua; no es lícito meter o sacar por sus puertas ninguna carga que no se hayan preparado para sí mismos en el sexto día; y no traerán ni sacarán de casa en casa en ese día.

Estas instrucciones anticipan y coinciden con los mandamientos de la Torá en Éxodo 16, 20, 31, 35, Yirmeyâhû 17 y Nechemyâhû 13. Jubileos preserva el origen celestial de la ley del Shabbâth, mostrando que estas cosas no comenzaron en Sinaí — estaban arraigadas en la Creación y luego fueron reveladas a Yasharal.

8.14 – SHABBÂTH COMO EL DÍA SUPREMAMENTE BENDECIDO DE LA CREACIÓN

Yôbêl 2:32

"Y el Bârâ de todas las cosas bendijo este día que Él había creado para bendición y qôdesh y gloria sobre todos los días."

Bereshith 2:3

"Êlôhîym bendijo el séptimo día y lo santificó..."

Juntos enseñan que el Séptimo Día es bendito y santificado, y que fue creado específicamente para bendición, qodesh y gloria sobre todos los días. Ningún día se levanta por encima de él. Ninguna fiesta lo sobrepasa. Ningún ciclo lo reemplaza. Shabbâth es la corona del calendario.

8.15 – SHABBÂTH COMO UNA LEY PARA SIEMPRE

Yôbêl 2:33

"Esta ley y testimonio fue dada a los hijos de Yâshârêl como ley para siempre para sus generaciones."

El día santificado en Bereshith se convierte en ley, testimonio y estatuto perpetuo para los hijos de Yasharal a lo largo de sus generaciones. La creación establece el Shabbâth. El pacto lo preserva. El Cielo lo practica. Yasharal lo hereda. La eternidad lo continúa.

8.16 – RESUMEN FINAL – EL SÉPTIMO DÍA EN AMBAS ESCRITURAS

Bereshith (Génesis) revela que Yahuah terminó la creación, que Él reposó en el séptimo día, que Él bendijo el Séptimo Día y que Él lo santificó.

Yôbêl (Jubileos) revela que Shabbâth es una gran señal; que es guardado por los ángeles de la Presencia y de la Santificación en el Cielo; que es dado a la descendencia de Ya'aqôb en la Tierra; que es más santo que cualquier Jubileo o fiesta; que lleva penas de pacto por su contaminación; que es más qadosh que cualquier otro día; que conecta las veintidós obras de la creación con las veintidós cabezas de la humanidad hasta Ya'aqôb; y que es una ley y testimonio para siempre.

Juntos, Bereshith y Jubileos presentan la doctrina completa del Shabbâth: eterno en el Cielo, establecido en la Creación, guardado por los ángeles más altos, dado solo a Yasharal en la Tierra, ley para siempre a lo largo de sus generaciones, señal del pacto, el más santo de todos los días, corona de la creación y sello de la primera semana.

Capítulo 9

La Obra Perfecta De Yahuah Êlôhîym — Sus 22 Obras, Sus 7 Días, Su Sello Eterno

9.1 – EL FUNDAMENTO DE TODA EXISTENCIA

La Semana de la Creación es el fundamento sobre el cual descansa toda existencia. Es el desvelamiento de la mente de Yahuah Êlôhîym expresada a través del tiempo, el espacio, la materia, la vida y el espíritu. En siete días — y en veintidós obras — Yahuah estableció todo lo que es, todo lo que vive y todo lo que jamás llegará a suceder.

Los cielos, la tierra, las aguas, las profundidades, la luz, las lumbreras, las criaturas, los ecosistemas, los ciclos proféticos del tiempo y la misma humanidad fueron formados por Su Palabra y para Su propósito. Nada apareció por casualidad. Nada evolucionó por accidente. Todo existe por diseño divino e intencionalidad.

9.2 – LA SEMANA DE LA CREACIÓN COMO PROFECÍA – TODO APUNTA HACIA ADELANTE

La creación no es solo historia — es profecía. Cada día prefigura el plan divino de redención:

Día 1 → La Luz de Yahusha revelada;

Día 2 → La separación de lo santo y lo profano;

Día 3 → Resurrección y vida nueva;

Día 4 → El calendario profético de salvación;

Día 5 → Multiplicación de la vida y movimiento del Ruach;

Día 6 → La imagen restaurada de Êlôhîym en el hombre;

Día 7 → El reposo eterno de Yahuah con Su pueblo.

La Semana de la Creación es un mapa profético que anticipa la caída, la corrupción de las dos humanidades, la necesidad de redención, el establecimiento del pacto y la futura restauración de todas las cosas.

9.3 – LA OBRA ES PERFECTA, EL PLAN ES ETERNO

La Semana de la Creación es un plano celestial, una revelación estructurada, un cronograma profético, un fundamento de pacto, un testimonio celestial y un retrato de redención. Permanece como el preludio del próximo gran tema del libro: la humanidad original de Êlôhîym, las dos líneas de la humanidad, la intrusión de la corrupción y el desarrollo del plan de Yahuah para restaurar Su creación.

La creación proclama: Yahuah es Êlôhîym.

La historia proclama: Su plan no puede ser derrocado.

La redención proclama: Él morará de nuevo con Su creación para siempre.

9.4 – LA SEMANA DE LA CREACIÓN – EL COMIENZO PERFECTO DE LA HISTORIA DE LA HUMANIDAD

La creación termina exactamente como comenzó: con orden, intención y la sabiduría soberana de Yahuah Êlôhîym. A lo largo de veintidós obras y siete días sagrados, Yahuah formó la estructura de toda existencia — el marco dentro del cual se desplegará el destino de la humanidad.

Cada límite establecido, cada reino separado, cada ciclo señalado fue diseñado con un solo propósito: preparar un mundo donde la humanidad pudiera caminar con su Creador. Nada fue aleatorio. Nada fue caótico. Nada fue accidental.

Cuando el Séptimo Día fue santificado, la primera semana se convirtió en el patrón eterno para el tiempo, el pacto, la santidad y el destino. Pero la historia no termina con la creación — la creación es solo el escenario. La pregunta que ahora surge — la pregunta que el Libro Dos responderá — es esta: ¿Qué fue de la humanidad que Yahuah formó?

Porque en el mundo perfecto que Él hizo, algo inimaginable entró. Algo que no fue formado por Sus manos. Algo que tocaría el corazón del primer hombre y resonaría en cada generación después de él. La creación nos da el fundamento. La humanidad revelará el conflicto.

9.5 – DE LAS OBRAS DE LA CREACIÓN A LA HISTORIA DE LA HUMANIDAD

El Volumen Uno nos ha mostrado la Luz que precede a todas las cosas, los espíritus creados antes que la carne, los cielos extendidos sobre las aguas, la tierra levantada desde lo profundo, los jardines preparados para la vida, el sol y la luna designados para la profecía, las criaturas llenando el mar y el cielo, las bestias del mundo antiguo, la humanidad formada a imagen de Êlôhîym, la mujer formada en misterio y el Shabbâth coronado como señal eterna.

La creación está completa. Pero la completitud no es el final de la historia — es el comienzo de la responsabilidad. Porque ahora que los cielos y la tierra han sido preparados... ¿qué hará la humanidad con ellos? ¿Guardarán el orden que Yahuah estableció? ¿Caminarán en la Luz creada en el Día 1? ¿Guardarán la armonía del jardín? ¿Permanecerán fieles a la señal de pacto del Séptimo Día? ¿O algo alterará la perfección de la primera semana?

La creación revela quién es Yahuah. La historia revelará en qué se convierte la humanidad.

9.6 – LA TENSIÓN NO DICHA – LOS DOS CAMINOS DELANTE DE LA HUMANIDAD

Antes de la caída, antes de la corrupción, antes de la división de las dos humanidades... hubo una humanidad, creada Pura, llena de propósito, coronada con dominio. Pero la Escritura insinúa — aun antes de Génesis 3 — que una elección está delante de ellos: el camino de la obediencia, arraigado en la primera semana; el camino de la desobediencia, arraigado en otro reino.

El Libro Dos se abrirá dondel Libro Uno termina: en el momento en que la humanidad debe elegir a qué voz seguirá. ¿Permanecerán Adán y su descendencia alineados con las 22 obras de la creación? ¿O entrará otra influencia — más antigua que el Edén, desafiante desde el principio — en el jardín para desafiar el orden que Yahuah estableció?

La creación preparó el mundo.

Ahora el mundo prepara a la humanidad.

LIBRO 2
LAS TRES HUMANIDADES

La Primera Humanidad y la Preservación del linaje Pura de Redención

Introducción

De Las Obras De La Creación A La Historia De La Humanidad

CÓMO LAS 22 OBRAS DIVINAS PREPARAN EL FUNDAMENTO PARA LA PRIMERA HUMANIDAD

El Libro Uno reveló una de las revelaciones más olvidadas y profundas de la Escritura:

las 22 Obras de la Creación.

Estas obras—cuidadosamente ordenadas, precisamente estructuradas y divinamente ejecutadas—forman el plano original de todo lo que Yahuah tenía planeado para el mundo. Revelan:

- cómo fueron organizados los cielos,
- cómo fue formada la tierra,
- cómo fueron establecidos el tiempo, las estaciones y el orden,
- cómo la luz fue distinguida de las tinieblas,
- cómo la vida fue preparada antes de aparecer,
- cómo cada reino fue completado antes de que sus habitantes entraran en él.

El Libro Uno no se enfocó en el fracaso, el pecado o la corrupción de la humanidad.

Se enfocó en el diseño perfecto de Yahuah.

Reveló la base, la estructura, el fundamento

y la huella original sobre la cual se desarrollaría toda la historia humana.

Ahora, el Libro Dos comienza la siguiente fase de esta revelación:

la historia de la humanidad dentro de esa creación divinamente preparada.

Dondel Libro Uno mostró lo que Yahuah hizo,

el Libro Dos revela a quién colocó dentro de ello.

Dondel Libro Uno estableció la estructura del mundo,

el Libro Dos revela el propósito del hombre dentro de esa estructura.

Dondel Libro Uno mostró el orden de las obras,

el Libro Dos explora el orden de la identidad humana.

Este volumen comienza con la primera y más sagrada etapa de la existencia humana:

La humanidad tal como era antes de la corrupción. La Primera Humanidad.

No caída.

No engañada.

No quebrada.

Sino santa, instruida, vestida de luz y viviendo en la presencia de Yahuah.

Esto incluye:

- Los Primeros Siete Años en Edén
- La formación e instrucción de Adam
- La creación y presentación de Chawwâh
- Su unión en la segunda semana
- El estado original de la humanidad

- La separación de luz y tinieblas dentro del destino humano
- El fundamento de las Tres Humanidades

El propósito del Libro Dos es simple pero profundo:

Entender la humanidad tal como Yahuah la creó—

para que podamos entender lo que Yahusha finalmente restaurará.

Antes de que el pecado entrara al mundo, antes del engaño, antes del juicio,

existía una humanidad que caminaba en perfecta comunión con su Creador.

Este libro restaura ese comienzo olvidado.

Revela la identidad, propósito y destino de la Primera Humanidad,

y prepara el escenario para la historia en desarrollo de las Tres Humanidades

que continúan a lo largo de la Escritura y la profecía.

Desde las 22 Obras de la Creación...

hasta la formación de Adam y Chawwâh (Eva)...

hasta los primeros siete años sin corrupción...

el viaje de la humanidad comienza aquí.

Que este volumen abra tus ojos a la belleza, el orden y la intención divina

de la humanidad que Yahuah formó en el principio.

Capítulo 1

La Primera Humanidad: Qadosh Desde El Principio

Los Primeros Siete Años en Edén • Los Dos Tipos de Humanidad • El Origen de la Desobediencia • La Protección de la Expulsión • La Separación de la Luz y las Tinieblas

I.1 LOS PRIMEROS SIETE AÑOS EN EDÉN - LA HUMANIDAD TAL COMO ERA ANTES DE LA CORRUPCIÓN

Antes de la caída... antes del engaño... antes de la expulsión de Edén... la humanidad vivió un período casi desconocido en la teología moderna: Los Primeros Siete Años en Edén. Estos años no son un mito, ni una reconstrucción simbólica. Son una realidad histórica literal preservada en Sefer Yôbêl (Jubileos) 3 — y revelan la única versión incorrupta de humanidad que alguna vez caminó sobre la tierra.

Estos siete años previos a la caída son el plano del cual se desprende la redención que Yahuah cumplirá por medio de Yahusha. Todo lo perdido en estos años será restaurado en el Reino.

1.2 LA HUMANIDAD EN SU ESTADO ORIGINAL

Durante estos siete años, **Adam** y **Chawwâh** vivieron en una condición que ningún humano después de ellos ha experimentado jamás. Eran puros de corazón e intención, instruidos directamente por Yahuah, libres de muerte y enfermedad, libres de corrupción de cuerpo y alma, intocados por inexistente influencia demoníaca, no expuestos a interferencia angelical, inocentes y sin maldad, vestidos con la Luz de Elohiym y caminando en comunión ininterrumpida.

Esto no es imaginación religiosa — es el diseño original.

Yahuah creó a la humanidad para la luz, no para las tinieblas; para la comunión, no para la alienación; para la sabiduría, no para la confusión; para la obediencia, no para la rebeldía.

La Primera Humanidad vivió esta realidad en su plenitud.

I.3 LAS PRIMERAS ESTACIONES DE ADAM Y CHAWWÂH: LO QUE REVELA JUBILEOS

Jubileos 3 provee detalles raramente reconocidos en la teología convencional.

A. Adam fue formado e instruido primero

Fue moldeado por las manos de Elohiym, colocado en el Jardín, e instruido directamente por Yahuah mismo. Adam no aprendió sabiduría de ángeles, sueños, naturaleza o experiencia — sino de la voz de Yahuah cara a cara. Berēšhīṯh (Génesis) - 3:8: "Y oyeron la voz de YAHUAH (יהוה) ĔLÔHÎYM (אֱלֹהִים) que se paseaba en el huerto al aire del día"

B. Chawwâh fue creada el mismo día — pero aún no revelada a Adam

Este detalle es crucial para entender el orden divino. La creación del hombre y la mujer ocurrió el mismo día, pero su unión fue retrasada por instrucción divina.

C. Fueron unidos más tarde, en la segunda semana

Su matrimonio no fue inmediato ni impulsivo — siguió a un período de formación, preparación y santificación. Esto muestra un patrón aún vigente hoy: antes de la unión viene la comprensión; antes del pacto viene la formación; antes de la asociación viene la identidad en Yahuah.

D. Su vida temprana fue gobernada enteramente por la presencia de Yahuah

No había confusión, ni tentación, ni voces competidoras — solo la enseñanza pura de su Creador. Este era Edén en su gloria original — y esto es lo que Yahusha restaurará.

I.4 POR QUÉ IMPORTAN LOS PRIMEROS SIETE AÑOS

Estos siete años no son meramente históricos — son proféticos. Revelan lo que la humanidad era antes del pecado, lo que la humanidad será después de la restauración, lo que Yahusha vino a restaurar, cómo se verá el Reino de Yahuah y en qué se convertirá la humanidad redimida.

En Edén vemos a la Primera Humanidad en su naturaleza prevista: pura, obediente, vestida de Luz, gobernada por la voz de Yahuah, libre de corrupción y caminando en armonía. Este es el punto de partida para comprender las Dos Humanidades que surgen después — una que guarda la luz y otra que abraza la corrupción.

Los Primeros Siete Años son el testimonio original del orden divino, la instrucción sagrada, la comunión perfecta y la obediencia inquebrantable. Todo lo que sigue en la Escritura — desde la caída hasta Babel, desde Yasharal hasta las naciones, desde los profetas hasta Yahusha — fluye de la interrupción de estos primeros años santos.

I.5 EL PLANO DE LA RESTAURACIÓN EN YAHUSHA

La verdad más profunda de este capítulo es esta: lo que Adam y Chawwâh perdieron, Yahusha vino a restaurar. Yahusha no está restaurando una humanidad rota, una naturaleza comprometida o un sistema corrupto. Él está restaurando la primera imagen — la inocencia, la luz, la obediencia, la comunión, la Pureza de los Primeros Siete Años de Edén.

Como está escrito: "He aquí, yo hago nuevas todas las cosas." No modernas. No alteradas. No adaptadas. Sino nuevas tal como eran al principio.

La Primera Humanidad es la profecía de la Última.

Para entender las Tres Humanidades, debemos comenzar donde comienza la Escritura: una humanidad formada por las manos de Yahuah, instruida directamente por Su voz, vestida con Su luz, libre de toda corrupción, destinada a gobernar la creación, y cuyos primeros años modelan el Reino futuro.

El capítulo 1 establece el fundamento teológico corregido:

La humanidad no fue creada rota, pecadora o confundida.

La humanidad fue creada qadosh.

Solo restaurando esta verdad podemos entender la tragedia de la caída, la corrupción de las Dos Humanidades y la restauración eterna en Yahusha.

Capítulo 2

Los Dos Tipos De Humanidad

No Racial — Sino Espiritual

Uno de los temas más profundos y malentendidos de la Escritura es la realidad de que la humanidad está dividida en dos categorías espirituales, que no se originan en raza, geografía o cultura, sino en naturaleza espiritual y orden divino. Esta dualidad no se introduce en Edén, ni en la caída, ni con el asesinato de Qayin. Aparece únicamente cuando la corrupción entra al mundo por medio de los Vigilantes caídos. Para entender el plan redentivo de Yahuah a través de las eras, es esencial entender cómo emergen estas dos humanidades, cómo funcionan y cómo Yahuah preserva la salvación en cada etapa de la historia.

2.1 LA PRIMERA HUMANIDAD – LA RAZA DEL RUACH (ESPÍRITU)

La humanidad en su estado original e incorrupto

La Primera Humanidad comienza con Adam — formado por Yahuah, animado por Su aliento y vestido con Su luz. Esta humanidad original era pura, incorrupta, guiada por el Espíritu, enseñada directamente por Yahuah, dominada por la justicia, caminando en comunión perfecta, libre de enfermedad, dolencia y deterioro, libre de interferencia angelical, libre de actividad demoníaca. La humanidad reflejaba el orden, lo Puro y el diseño intencional establecidos en las 22 Obras de la Creación.

Esta condición espiritual continuó a través de las generaciones de Adam, Seth, Enosh, Cainan, Mahalalel y Yârêd. Durante casi 1,200 años, la humanidad permaneció como un solo grupo espiritual unificado — la Raza del Ruach.

2.2 LA SEGUNDA HUMANIDAD – LA RAZA DE LA CARNE

Una humanidad formada solo después de que la corrupción entra al mundo

Contrario a la enseñanza popular, la Segunda Humanidad no comenzó con la desobediencia de Adam, ni con el asesinato cometido por Qayin, ni con la caída del Edén, ni con la maldad humana temprana. La Segunda Humanidad comienza únicamente después de dos eventos mayores:

los Vigilantes abandonan su naturaleza celestial,

los hijos híbridos nacen.

Esta humanidad se caracteriza por carne corrompida, genética alterada, conocimiento prohibido, hechicería, violencia, opresión espiritual, colapso social y el surgimiento de los Nefelinos y los gibborim (poderosos). Su origen no es racial — es espiritual y biológico, arraigado en la rebelión angelical.

2.3 ANTES DE LA CORRUPCIÓN – LA HUMANIDAD PERMANECIÓ COMO EL PRIMER GRUPO

Aun después de la caída, la humanidad aún no estaba corrompida

Esta verdad ha sido casi olvidada: la humanidad permaneció parte de la Primera Humanidad por casi 1,000 años después de Edén. Aun después de obtener el conocimiento del bien y del mal, no experimentaron enfermedad, dolencia, deterioro genético, influencia demoníaca, contaminación espiritual, interferencia angelical o maldad social.

Los únicos pecados registrados antes de la corrupción fueron la desobediencia en Edén y el asesinato cometido por Qayin. Sin embargo, la naturaleza espiritual de la humanidad, su Pureza física y la bendición divina se mantuvieron intactas. Continuaron adorando en Pureza, viviendo con longevidad extraordinaria, alineados con el Ruach y preservando la identidad dada desde el principio. Este período de preservación es parte de la misericordia redentiva de Yahuah, manteniendo a la humanidad pura hasta el tiempo señalado.

2.4 LOS DÍAS DE YÂRÊD – EL VERDADERO CAMBIO EN LA HUMANIDAD

Cuando los Vigilantes cambiaron su naturaleza

Jubileos 4 y Enoch 6 enseñan que los Vigilantes descendieron de manera justa. Su misión era enseñar a la humanidad las leyes de Yahuah, y servían bajo instrucción divina. Su descenso no fue corrupción. La corrupción comienza siglos después — cuando los Vigilantes codiciaron a mujeres humanas, abandonaron su naturaleza celestial, entraron en uniones ilícitas y concibieron hijos híbridos.

La Segunda Humanidad comienza únicamente cuando sus hijos nacen. Este momento marca la entrada de carne corrompida, violencia, hechicería, conocimiento impuro, guerra espiritual, corrupción genética y colapso social.

Desde ese momento en adelante, la humanidad queda dividida: la Primera Humanidad — aquellos que permanecen alineados con Yahuah; y la Segunda Humanidad — aquellos nacidos de corrupción y carne. Esta división establece el escenario para el surgimiento de los Nefelinos, la degeneración de la tierra, el llamado de Noach y el plan de salvación.

2.5 EL PLAN REDENTIVO DENTRO DE LAS DOS HUMANIDADES

El diseño de salvación de Yahuah tejido en cada etapa

2.6 REDENCIÓN EN LA PRIMERA HUMANIDAD – RESTAURACIÓN ANTES DE LA CORRUPCIÓN

La Puro de la Primera Humanidad es el prototipo de lo que la salvación restaurará. Yahusha no vino a crear algo nuevo — sino a restaurar la inocencia, la luz, la comunión y la gloria que Adam llevaba antes de que la corrupción entrara.

2.7 REDENCIÓN POR MEDIO DE LA PRESERVACIÓN – ANTES DE QUE COMENZARA LA CORRUPCIÓN

Durante 1,200 años, Yahuah preservó a la humanidad en Pureza: sin corrupción, sin enfermedad, sin deterioro genético, sin actividad demoníaca, sin distorsión espiritual. Esta era de protección es misericordia redentiva, mostrando el deseo de Yahuah de que la humanidad permanezca pura.

2.8 REDENCIÓN POR MEDIO DE LA SEPARACIÓN – CUANDO APARECE LA CORRUPCIÓN

Cuando los Vigilantes se corrompieron, Yahuah inició una separación divina: los justos de los corruptos, los puros de los híbridos, los obedientes de los rebeldes. La separación no es castigo — es preservación de la salvación. A través de esta separación, Yahuah protegió El linaje que produciría a Noach, Shem, Abraham y finalmente Yahusha.

2.9 REDENCIÓN POR MEDIO DEL JUICIO – LA PURIFICACIÓN DE LA TIERRA

El Diluvio no fue solo destrucción — fue el reinicio de la humanidad, preservando a la Primera Humanidad y eliminando a la Segunda Humanidad corrompida. El juicio es una limpieza redentiva, preparando el mundo para la siguiente fase de salvación.

2.10 Redención por Medio de Yahusha — El Propósito Final

Toda la estructura de las Dos Humanidades encuentra su cumplimiento en Yahusha. Él restaura lo Puro de la Primera Humanidad; Él destruye la corrupción de la Segunda Humanidad; Él se convierte en el modelo de la Tercera Humanidad; Él cumple el plan escrito desde el principio. Él completa cada propósito revelado desde Adam hasta Noach.

Resumen Final

Desde las generaciones más tempranas, la Escritura revela dos humanidades espirituales:

1. La Primera Humanidad — Nacida del Espíritu, guiada por el Espíritu, alineada con el Espíritu

La imagen que Yahusha vino a restaurar.

2. La Segunda Humanidad — Guiada por la carne, corrompida, alterada

La corrupción que Yahusha vino a derrotar.

Y en ambas, La linea de la Redención de Yahuah en Cada Etapa:

Preservación antes de la corrupción, separación durante la corrupción, limpieza por medio del juicio, pacto a través de Noach, cumplimiento a través de Yahusha.

Las Dos Humanidades no son una historia de desesperación — son una historia de salvación desarrollándose a través de la historia, revelando la fidelidad inquebrantable de Yahuah para redimir Su creación.

Capítulo 3

El Origen De La Desobediencia

No corrupción — simplemente el primer acto de quebrantar el mandamiento de Yahuah

Uno de los conceptos más profundos y malentendidos en la teología moderna es la suposición de que el evento en el Jardín del Edén introdujo corrupción, naturaleza pecaminosa o decadencia moral en la humanidad. Pero las Escrituras no enseñan tal cosa — no en Bereshith (Génesis), no en Jubileos, no en ningún texto inspirado.

La acción de Chawwâh (Eva) no fue el origen de la corrupción. Fue el origen de la desobediencia. La desobediencia no es corrupción. La desobediencia no es decadencia moral. La desobediencia no es alteración genética. La desobediencia no es contaminación espiritual. El primer acto de desobediencia simplemente introdujo violación del mandamiento, no transformación de la naturaleza. Para entender esto correctamente, comenzamos con las dos verdades fundamentales.

3.1 ELLOS YA CONOCÍAN EL BIEN MUCHO ANTES DE LA CAÍDA

Adam y Chawwâh no descubrieron la bondad después de comer del Árbol. Ellos habían vivido en la atmósfera de la bondad desde el momento de su creación, porque la bondad es la naturaleza de Yahuah. Desde el principio, vivieron en justicia, Puro, santidad, obediencia, alineación perfecta con Yahuah, la presencia del Ruach y la bondad declarada "muy buena" en la Creación. El estribillo de Bereshith 1 establece esto: "Y Elohiym vio que era BUENO." Todo en su entorno — el mundo, sus cuerpos, sus mentes, su comunión — reflejaba la bondad divina. Así que el problema no era que Adam y Chawwâh carecían de conocimiento del bien. Estaban inmersos en él. Fueron formados por él. Caminaban dentro de él. La bondad era todo lo que conocían.

3.2 LO QUE NO CONOCÍAN ERA EL MAL

Antes de comer del Árbol, Adam y Chawwâh no tenían conocimiento del opuesto del bien. No conocían el mal, la rebelión, la malicia, la corrupción, la maldad espiritual o el engaño. No conocían el mal de manera personal, conceptual o experiencial. Cuando comieron del Árbol, no se volvieron malos, no se volvieron corruptos, no adquirieron una naturaleza pecaminosa, no recibieron un espíritu maligno y no perdieron la imagen divina.

Simplemente adquirieron algo que no poseían antes: conocimiento de la existencia del mal. No participación en el mal. No unión con el mal. No transformación en mal. Solo conocimiento. Esto coincide tanto con Génesis como con Jubileos: "Sus ojos fueron abiertos." Ojos abiertos ≠ espíritu corrompido. Ojos abiertos = conocimiento moral despertada. El texto nunca dice "Adam se volvió malvado," "Adam se volvió corrupto," "Chawwâh fue llenada de maldad," o "la naturaleza humana se volvió pecaminosa." Estas declaraciones no existen en la Escritura.

3.3 CONOCIMIENTO ≠ CORRUPCIÓN

Esta es la verdad más importante: el mal no entró en ellos — el conocimiento entró en ellos. Obtuvieron información, no transformación. Afirmar que Adam se volvió malo porque conoció el bien y el mal conduce a una conclusión blasfema: si conocer el bien y el mal hace a uno malo, entonces Yahuah — que también conoce el bien y el mal — también sería malo. Eso es imposible. La Escritura dice:

"He aquí, el hombre ha venido a ser como uno de Nosotros —

para conocer el bien y el mal."

— Bereshith 3:22

Yahuah mismo declara que Adam llegó a ser como Él en conocimiento, no como Él en naturaleza. El versículo no dice que Adam se volvió corrupto, que Adam se volvió malvado, que Adam perdió la imagen de Elohiym, o que Adam fue dañado espiritualmente. La única transformación fue intelectual: "para conocer el bien y el mal." Este es un cambio de conocimiento — no un cambio de esencia.

3.4 POR QUÉ EL CONOCIMIENTO IMPORTA EN LA HISTORIA DE LA REDENCIÓN

El conocimiento del mal no equivale a participación en el mal. El conocimiento no contamina el alma. El conocimiento no transforma la naturaleza. El conocimiento no corrompe el cuerpo. El conocimiento simplemente significa que ahora los seres humanos pueden percibir contraste moral, distinguir lo incorrecto de lo correcto, reconocer la desobediencia como una opción y entender el concepto de responsabilidad moral.

Por eso ellos seguían siendo la Primera Humanidad, seguían estando espiritualmente intactos, seguían viviendo largas vidas sin enfermedad, seguían caminando con Yahuah, seguían alineados con el Ruach y seguían siendo puros en cuerpo y naturaleza. El conocimiento dio a la humanidad autoconocimiento moral, pero ninguna corrupción inherente. Esta distinción es fundamental para la historia de la humanidad — porque la corrupción no comienza aquí. La corrupción comienza con el nacimiento de los hijos híbridos en los días de Yârêd, más de 1,000 años después del evento en el Jardín. Así, la desobediencia en Edén es el comienzo del conocimiento, la elección moral y la responsabilidad — pero no el comienzo de la corrupción.

Adam y Chawwâh ya conocían el bien, aún no conocían el mal, adquirieron conocimiento, no maldad; adquirieron entendimiento, no corrupción; permanecieron espiritualmente puros, permanecieron físicamente incorruptos, permanecieron alineados con Yahuah y permanecieron parte de la Primera Humanidad. La Escritura es precisa: sus ojos fueron abiertos — no su espíritu destruido. Este capítulo establece la base para entender cómo la desobediencia, el conocimiento y la responsabilidad moral preparan el escenario para la corrupción posterior introducida por los Vigilantes — y, en última instancia, para el plan de redención que se desarrolla a través de las Tres Humanidades.

Capítulo 4

La Media Verdad Del Nachash

El día que coman de él, ciertamente morirán — y cómo Yahuah convirtió incluso el juicio en redención

El evento en Edén es uno de los momentos más interpretados y malinterpretados en la historia humana. Muchos creen que la declaración: "No morirán ciertamente" (Bereshith 3:4), fue una mentira total del Nachash (Gadre'el — el ser resplandeciente, no una serpiente). Pero la Escritura deja algo claro: el Nachash habló una media verdad, y Yahuah usó este momento para revelar la primera etapa de Su plan redentivo para la humanidad. Para ver esto completamente, debemos entretejer Bereshith (Génesis), Jubileos y el significado profético de "un día" en la perspectiva de Yahuah.

4.1 LO QUE DIJO EL NACHASH FUE UNA MEDIA VERDAD

El Nachash declaró: "No morirán ciertamente" (Bereshith 3:4). Él quiso decir: "No morirán ahora mismo." Y de hecho, Adam y Chawwâh no cayeron muertos instantáneamente, sus espíritus no murieron y no dejaron de existir. En este sentido, lo que dijo parecía verdad. Pero el engaño siempre mezcla verdad con falsedad. Lo que el Nachash ocultó era la verdad de que la mortalidad comenzaría, ocultó que la cuenta regresiva hacia la muerte iniciaría al instante y oscureció que la promesa de muerte era literal — pero en el marco temporal de Yahuah. Por eso su declaración fue una media verdad — y la más mortal de todas.

4.2 LO QUE REALMENTE OCURRIÓ CUANDO COMIERON

Ocurrió algo irreversible. Sus cuerpos se volvieron mortales, su acceso a la inmortalidad se perdió, su vida comenzó a contarse hacia atrás, la muerte física se volvió segura y la humanidad entró en una nueva etapa de la historia. Sin embargo, incluso este juicio contiene las primeras huellas de redención. Si Adam hubiera permanecido inmortal estando desobediente, la humanidad habría vivido eternamente en rebelión — una condición más allá de la redención. La mortalidad se convierte en un regalo, no simplemente en un castigo. Crea espacio para el arrepentimiento, limita la propagación de la corrupción, impide la rebelión eterna, abre el camino para la resurrección y asegura que Yahusha pueda redimir a la humanidad más adelante. Incluso en el juicio, Yahuah está preparando la salvación.

4.3 LA MEDIDA DIVINA DE "UN DÍA"

La Escritura nos dice claramente cómo Yahuah cuenta el tiempo: "Un día para Yahuah es como mil años" (2 Kepha / 2 Pedro 3:8). Por lo tanto, la advertencia: "El día que comas de él, ciertamente morirás" (Bereshith 2:17), significa: "Dentro del día de mil años, morirás." Y esto es exactamente lo que ocurrió. Ningún ser humano ha alcanzado jamás los 1,000 años, el pleno "día-Yahuah", porque el decreto de mortalidad permanece desde Edén. La vida más larga en la Escritura (Methushelach) termina en 969, aún por debajo de la medida divina. Pero respecto a Adam — Jubileos nos da el detalle preciso y autorizado.

4.4 JUBILEOS REGISTRA LA MUERTE DE ADAM CON EXACTA PRECISIÓN

"Y al final del decimonoveno jubileo, en la séptima semana, en su sexto año, Adam murió... y él fue el primero en ser sepultado en la tierra" (Jubileos 4:29). Jubileos continúa: "Y le faltaron setenta años para mil años; porque mil años son como un día en el testimonio de los cielos. Por esta razón fue escrito respecto al árbol del conocimiento: 'El día que comas de él, morirás.' Por esta razón él no completó los años de este día; porque murió dentro de él" (Jubileos 4:30). A Adam le faltaron 70 años del día de mil años. Murió a los 930, en paralelo con Génesis. Murió dentro del día divino, exactamente como Yahuah advirtió. Esto prueba que el juicio de Yahuah fue literal, que la seguridad del Nachash fue engañosa y que la mortalidad fue el comienzo del plan redentivo.

4.5 LA REDENCIÓN ESCONDIDA DENTRO DEL JUICIO

La mayoría se detiene en "Adam murió," pero el propósito de este libro es revelar el plan redentivo de Yahuah en cada etapa. Aquí está la verdad oculta: la mortalidad misma fue el primer acto de misericordia. Si Adam hubiera permanecido inmortal en desobediencia, la humanidad viviría eternamente en pecado, la corrupción se volvería permanente, la rebelión se propagaría sin límite, no habría necesidad de resurrección y no sería posible la salvación.

En cambio, Yahuah dio a la humanidad mortalidad para que la redención fuera posible, exilio para que la corrupción no entrara en Edén, profecía para que permaneciera la esperanza y promesa para que Yahusha pudiera venir. En Edén, el plan de redención comienza inmediatamente. El momento en que el hombre se volvió mortal, la necesidad de un Segundo Adam fue puesta en marcha. La mortalidad no es el fin de la historia — es la puerta hacia la resurrección. Sin muerte, no puede haber resurrección. Sin resurrección, no puede haber salvación. Sin mortalidad, no puede haber nueva creación.

Así, la muerte de Adam se convierte en el primer signo profético de la venida de Yahusha, la resurrección de los justos, la renovación de la creación y la restauración de la Primera Humanidad. Yahuah siempre convierte el juicio en redención.

El linaje de la redención se vuelve clara: el Nachash habló una media verdad, Adam sí murió — pero dentro del día de mil años de Yahuah; Jubileos da detalles exactos de su muerte (4:29–30); la mortalidad comenzó inmediatamente; y la mortalidad es parte del plan de redención de Yahuah. Porque a través de la mortalidad, la corrupción es limitada, la rebelión no puede volverse eterna, el Mesías puede entrar en la humanidad, la resurrección se vuelve posible y la Primera Humanidad puede ser restaurada. La muerte de Adam no es el fracaso de la creación — es el comienzo de la salvación.

Capítulo 5

"Como Uno De Nosotros": Conocimiento, No Corrupción

Cómo el conocimiento cambió a la humanidad — y cómo la redención de Yahuah ya estaba en movimiento

Bereshith 3:22 es uno de los versículos más malinterpretados de la Escritura. Ha sido usado durante siglos para enseñar ideas que la Escritura nunca afirma: que Adam se volvió malvado, que Adam se volvió corrupto, que Adam perdió la imagen de Elohiym, o que Adam heredó una naturaleza pecaminosa. Pero el texto mismo, leído a través de las Escrituras restauradas y del lente de Jubileos, enseña algo profundamente diferente — algo que revela las primeras etapas del plan de redención de Yahuah.

5.1 ADAM SE VOLVIÓ COMO YAHUAH EN CONOCIMIENTO – NO EN CORRUPCIÓN

"Y Yahuah Elohiym dijo: He aquí, Adam se ha convertido como uno de Nosotros, para conocer el bien y el mal..." (Bereshith 3:22).

Este versículo aclara una verdad esencial: Adam se volvió como Yahuah en conocer, no como el Nachash en rebelarse. Yahuah mismo define lo que cambió: conocimiento, conciencia y entendimiento. No dice que Adam se volvió corrupto, que se volvió malvado, que se volvió pecaminoso o que perdió Su imagen. El cambio fue epistemológico, no moral. Fue conocimiento, no naturaleza; conciencia, no corrupción; entendimiento, no contaminación.

Y porque Yahuah mismo conoce el bien y el mal — y permanece perfectamente santo — es imposible decir que conocer el bien y el mal convierte a un ser en malvado. Afirmar eso significaría que si conocer el bien y el mal hace a uno malvado, entonces Yahuah también tendría que ser malvado — una imposibilidad blasfema. Por lo tanto, Adam no se volvió corrupto; Adam se volvió consciente.

5.2 LO QUE CAMBIÓ FUE SU CONDICIÓN – NO SU NATURALEZA CREADA

El conocimiento despertó instantáneamente, pero la corrupción no. Después de la desobediencia, sus ojos fueron abiertos, su conocimiento aumentó, su inocencia terminó, su mortalidad comenzó, su entorno cambió y su acceso al Árbol de la Vida fue cortado. Pero su tzelem Elohiym — su imagen divina — permaneció completamente intacta.

Adam no perdió su identidad espiritual, no se volvió pecaminoso en naturaleza, no se volvió moralmente degradado, no se volvió demonizado ni espiritualmente corrupto. Nada de esto se registra en Génesis, Jubileos ni en ningún texto inspirado. Génesis y Jubileos presentan a Adam después de la caída ofreciendo sacrificios, enseñando a sus hijos, caminando con Yahuah, viviendo en rectitud y reteniendo la imagen de Elohiym. Adam pecó — pero Adam no se convirtió en una criatura de oscuridad. Él permaneció como la cabeza de la Primera Humanidad hasta su muerte.

5.3 LA DESOBEDIENCIA TRAJO CONSECUENCIAS – NO CORRUPCIÓN

Las palabras de Yahuah fueron específicas, y los resultados fueron precisos: mortalidad, no maldad; exilio, no contaminación espiritual; trabajo arduo, no decadencia moral; conocimiento, no corrupción; distancia del Edén, no distancia de la presencia de Yahuah. La naturaleza de Adam no fue reemplazada; su entorno sí. La esencia de Adam no fue destruida; su acceso a la inmortalidad sí. Adam no perdió la imagen; perdió el jardín donde esa imagen se expresaba en gloria.

El origen de la desobediencia no es el origen de la corrupción. Adam y Chawwâh no comieron maldad, no recibieron corrupción y no se volvieron espiritualmente malvados. Simplemente quebrantaron un mandamiento y experimentaron las consecuencias.

5.4 EL PLAN REDENTIVO: YAHUAH INTERVINO INMEDIATAMENTE

El propósito de este libro es revelar el plan de redención de Yahuah en cada etapa. Y lo que vemos en el Capítulo 5 es extraordinario. En el momento que Adam desobedeció, el plan de redención se activó — no siglos después, no con Noach, no con Abraham, no con Mosheh y no solamente con Yahusha. Inmediatamente.

5.5 REDENCIÓN A TRAVÉS DE LA PROTECCIÓN

Cuando Yahuah sacó a Adam de Edén, no fue castigo — fue protección. Si Adam hubiera comido del Árbol de la Vida en un estado de desobediencia, la rebelión habría sido eterna, la corrupción habría sido inmortal, la salvación se habría vuelto imposible y la humanidad quedaría atrapada para siempre en desobediencia. Por lo tanto, Yahuah bloqueó el Árbol no para expulsar al hombre sino para preservarlo. La mortalidad es misericordia. El exilio es bondad. Los límites son protección redentiva.

5.6 REDENCIÓN A TRAVÉS DE LA PROMESA

En medio del juicio, Yahuah pronuncia la primera profecía: "La simiente de la mujer aplastará la cabeza del Nachash" (Bereshith 3:15).

Antes de que Adam muriera, antes de que apareciera la corrupción, antes de que los Vigilantes cayeran, antes del Diluvio, antes del pacto, antes de la Torá — Yahuah anuncia a Yahusha. La redención comienza antes de que la historia siquiera continúe.

5.7 REDENCIÓN A TRAVÉS DE LA CONTINUIDAD DE LA COMUNIÓN

Después de la caída, Yahuah habla con Adam, escucha a Adam, enseña a Adam, recibe los sacrificios de Adam, cubre su desnudez, aún bendice a la familia y aún guía a las generaciones. La desobediencia afectó el entorno — no la relación. Yahuah no los abandonó — Él se acercó más.

5.8 REDENCIÓN A TRAVÉS DE LIMITAR LA CORRUPCIÓN

Yahuah estableció un límite: ninguna inmortalidad en desobediencia, ningún acceso al Árbol de la Vida, ninguna rebelión eterna. Estos límites crean el espacio futuro para el Diluvio, el pacto, la Torá, los profetas, la encarnación de Yahusha, la expiación de Yahusha, la resurrección, el Reino y la Nueva Creación. Todo el plan comienza aquí — con Yahuah impidiendo la corrupción eterna para que Él pueda un día restaurar la justicia eterna.

"Como Uno de Nosotros": La redención dentro del conocimiento

Adam se volvió como Yahuah en conocimiento, no como el Nachash en rebelión. El conocimiento despertó — la corrupción no.

La desobediencia trajo mortalidad, separación del Edén, límites y conocimiento. Pero también activó el primer movimiento de redención: protección de la corrupción eterna, promesa del Mesías, preservación de la imagen de Elohiym, comunión continua, limitación de la rebelión y el comienzo del plano redentivo.

Adam no perdió la imagen de Yahuah. Solo perdió el jardín donde esa imagen brillaba perfectamente. El plan de redención nació en Edén — y continúa a través de cada capítulo de la historia humana.

Capítulo 6

La Expulsión Del Edén: El Primer Acto De Misericordia

No castigo — sino protección y preparación para la redención

La expulsión del Edén ha sido malinterpretada durante miles de años. Para muchos, parece ser enojo divino o castigo. Pero las Escrituras la revelan como algo profundamente diferente: el primer límite de misericordia, el primer escudo contra la corrupción eterna y la primera acción en el plan de redención. La desobediencia cambió la condición de Adam y Chawwâh, no su naturaleza. Lo que Yahuah hace a continuación no es retribución — es salvación.

6.1 SI HUBIERAN COMIDO DEL ÁRBOL DE LA VIDA DESPUÉS DEL PECADO – LA REDENCIÓN SERÍA IMPOSIBLE

Este es el núcleo teológico: si Adam y Chawwâh hubieran extendido su mano después de la desobediencia y comido del Árbol de la Vida, se habrían convertido en seres eternos, encerrados permanentemente en una condición caída, incapaces de arrepentimiento, irrecuperables, congelados espiritualmente para siempre e inmortales en rebelión. Se habrían vuelto como los ángeles caídos: eternos, irredimibles e inmutables.

Por esto Bereshith 3:22 es uno de los versículos más importantes de toda la Biblia:

"y ahora, no sea que alargue su mano, y tome también del árbol de la vida, y coma, y viva para siempre..." — Bereshith 3:22.

Vivir para siempre en un estado corrompido, sin muerte, sin

resurrección y sin salvación significaría ninguna redención, ningún Mesías, ninguna resurrección, ninguna restauración y ninguna nueva creación. La inmortalidad sin justicia es destrucción eterna. Por lo tanto, Yahuah actuó inmediatamente.

6.2 YAHUAH LOS REMOVIÓ COMO UN ACTO DE PROTECCIÓN

La expulsión no fue rechazo. Fue protección, preparación y preservación. Yahuah los removió para que pudieran morir físicamente — porque la mortalidad se convierte en la puerta hacia la resurrección. Los removió para que pudieran ser redimidos espiritualmente — porque la muerte permite que un redentor entre en la historia. Los removió para que el Mesías pudiera venir a través de su linaje — porque si se hubieran vuelto pecadores inmortales no habría linaje para que Yahusha entrara. Los removió para que la salvación pudiera ser ofrecida al mundo — porque un mundo mortal puede ser salvado, mientras que un mundo inmortal no puede. Los removió para que la humanidad pudiera ser restaurada en lugar de quedar encarcelada — porque el exilio evita el encarcelamiento eterno en rebelión.

Removerlos del Edén los protegió de la separación eterna y los preservó para la futura redención. El juicio divino fue en realidad misericordia divina disfrazada.

6.3 LA EXPULSIÓN NO FUE LA MAYOR PÉRDIDA – FUE LA MAYOR GANANCIA EN LA HISTORIA HUMANA

Toda bendición de la redención que existe hoy fluye directamente de la expulsión. Debido a su remoción, existe la muerte para que pueda existir resurrección. La redención se vuelve posible porque los mortales pueden ser restaurados. Yahusha puede venir porque la humanidad permaneció redimible. La resurrección puede ser dada porque la mortalidad abre la puerta a la vida eterna. La vida eterna puede ser restaurada porque ahora la inmortalidad es otorgada a través de Yahusha, no mediante acceso natural al Árbol.

Si se hubieran quedado en el Edén y hubieran comido del Árbol de la Vida, el universo ahora sería un lugar lleno de pecadores eternos, rebelión eterna, corrupción eterna, ninguna posibilidad de limpieza, ningún fin para la maldad, ningún Mesías, ninguna salvación y ninguna esperanza. La rebelión inmortal es peor que la muerte. La corrupción eterna es peor que el exilio. La expulsión del Edén no es el "fin del paraíso". Es el comienzo de la redención.

6.4 LA REDENCIÓN COMIENZA EN LA PUERTA DEL EDÉN

La expulsión del Edén fue misericordia, protección, preservación, preparación y el primer paso hacia Yahusha. Si Adam y Chawwâh hubieran permanecido en el Edén y comido del Árbol de la Vida, el pecado sería eterno, la rebelión irreversible, la humanidad perdida, Yahusha nunca podría venir, la resurrección sería imposible y la salvación no existiría.

Por lo tanto, la remoción del Edén es la primera acción que Yahuah toma para asegurar que un Redentor pueda venir, que una nueva humanidad pueda levantarse, que una resurrección pueda ocurrir, que la vida eterna pueda ser restaurada correctamente y que el plan de salvación pueda desarrollarse. El primer acto después de la desobediencia no fue castigo — fue el comienzo de la misión divina de rescate.

Capítulo 7

La Separación De Luz Y Tinieblas Entre Los Hombres

El verdadero comienzo de la corrupción — y cómo Yahuah intensificó el plan de redención

Durante casi un milenio después del Edén, la humanidad vivió sin corrupción. La desobediencia había ocurrido, pero la corrupción aún no había aparecido. El conocimiento se había despertado, pero la naturaleza de la humanidad permanecía pura. Este largo período es a menudo ignorado en la teología, sin embargo es esencial: revela cómo Yahuah preservó a la humanidad para la redención, y cómo la humanidad se deslizó suavemente hacia la vulnerabilidad mucho antes de que la corrupción completa entrara.

7.1 LA HUMANIDAD CAMINÓ EN LUZ – PERO APARECIERON LOS PRIMEROS SIGNOS DE DECLIVE

La humanidad no se volvió corrupta después del Edén, pero las Escrituras insinúan los primeros signos de debilitamiento moral: rivalidad, celos, miedo, vergüenza, distancia de la inmediatez de Yahuah y debilitamiento de la sensibilidad espiritual. Estos cambios tempranos eran internos, no corruptivos. Afectaban el comportamiento, no la naturaleza; influían en las relaciones, no en la genética; distorsionaban las decisiones, no el diseño humano.

Esto explica por qué la humanidad necesitaba guía, por qué comenzaron a aparecer altares, por qué los sacrificios se volvieron necesarios y por qué la voz de Yahuah tuvo que intervenir con más frecuencia. La redención comienza aquí, mientras Yahuah compensa este deslizamiento temprano. Él enseña, Él advierte,

Él establece altares y ofrendas, y Él prepara líderes justos como Seth, Enosh, Mahalalel y Yared. Esto no era corrupción — era fragilidad, y Yahuah respondió con misericordia.

7.2 LA PRIMERA HUMANIDAD – LA RAZA DEL RUACH (FORTALECIDA POR YAHUAH)

Desde Adam hasta Yârêd, la humanidad caminó en justicia, se mantuvo Pura, vivió largas vidas ininterrumpidas, permaneció sin enfermedad, escuchó la voz de Yahuah y no experimentó actividad demoníaca ni corrupción angélica. Esta era se convirtió en el fundamento de toda futura redención, porque Yahusha solo podía venir a través de un linaje humano puro. El Mesías necesitaba una genealogía no corrompida, y la Primera Humanidad debía ser preservada a toda costa.

Así, la Primera Humanidad se convierte en el vaso de redención, mientras que la Segunda Humanidad se convierte en la amenaza contra la redención. El propósito de Yahuah no era solo preservar lo Puro sino preservar el linaje a través del cual vendría el Redentor.

7.3 LA SEGUNDA HUMANIDAD – LA RAZA DE LA CARNE (LA VERDADERA CORRUPCIÓN COMIENZA)

Este grupo no apareció en el Edén. Apareció solo cuando los Vigilantes, en los días de Yârêd, cambiaron su naturaleza, se unieron a mujeres, produjeron descendencia híbrida (Nefelino) e introdujeron conocimiento prohibido, guerra y hechicería, causando alteración genética y violencia.

Este es el verdadero comienzo de la corrupción — no la caída, no la desobediencia, no el asesinato de Qayin y no los errores tempranos de la humanidad. La corrupción comienza con la concepción híbrida, no con la desobediencia de Adam. La impuro comienza con la violación angélica, no con la debilidad humana. Las tinieblas entran con descendencia ilegítima, no con el Árbol del Conocimiento.

Esta es una nueva humanidad — una que Yahuah nunca creó, nunca intentó y nunca bendijo.

Perspectiva redentiva: en el momento en que aparece esta corrupción, el plan de salvación de Yahuah se vuelve urgente y visible, porque el linaje del Mesías está en peligro, la creación está siendo reescrita, la humanidad está siendo distorsionada, la Primera Humanidad está disminuyendo y la Segunda Humanidad está multiplicándose. El conflicto ya no es filosófico — es existencial.

7.4 EL VERDADERO COMIENZO DE LUZ VS. TINIEBLAS

Aquí es cuando comienza la verdadera división. El linaje de Seth se retira hacia la santidad, mientras que El linaje de Qayin se mezcla con ángeles y corrupción. Con esta mezcla, la violencia estalla, la enfermedad aparece, la guerra comienza, la hechicería se extiende, el derramamiento de sangre se multiplica, la tierra gime y la creación se desestabiliza. El mundo comienza a pasar de Puros a caos, no por causa de Adam — sino por causa de los Vigilantes y su descendencia.

Perspectiva redentiva: Yahuah no espera pasivamente. Él responde activamente, levantando profetas, fortaleciendo a hombres justos, advirtiendo a las generaciones, llamando a su pueblo a separarse, preparando a Noach, restringiendo las vidas, y juzgando a los Vigilantes corruptos. La redención está acelerándose.

7.5 EL PLAN DE REDENCIÓN SE INTENSIFICA

A medida que la corrupción se expande, Yahuah comienza la Fase 2 del plan redentivo.

Primero, Él inicia la preservación del linaje puro, colocando un escudo directo alrededor del linaje que conduce a Noach.

Segundo, Él limita la corrupción: las vidas se acortan, la creación es restringida y la propagación de descendencia híbrida es limitada.

Tercero, Él juzga a los Vigilantes: Enoch es enviado para proclamar juicio, y los Vigilantes son sentenciados.

Cuarto, Él prepara a Noach: el remanente justo es formado, y el plano del arca se vuelve necesario.

Y quinto, Él prepara pacto: el mundo es preparado para un nuevo comienzo.

El plan redentivo está acelerándose hacia el Diluvio — no como destrucción, sino como limpieza para preservar el camino del Redentor.

Surge una visión progresiva y no repetitiva: la humanidad permaneció pura por casi 1,000 años; la desobediencia no equivalía a corrupción; la unión de los Vigilantes con mujeres produjo la verdadera corrupción; la separación entre humanidades comienza en los días de Yârêd; la redención comienza en cuanto Yahuah protege a la humanidad; y la narrativa avanza desde el temprano deslizamiento moral, hacia la separación espiritual, hacia el conflicto interno, hacia la corrupción externa — todo conduciendo hacia Noach y el Diluvio.

Capítulo 8

El Linaje Patriarcal De La Primera Humanidad

Adam → Seth → Enosh → Kenan → Mahalalel → Yarad → Chanok → Methushelach → Lamech → Noach

El linaje preservada para la redención

Los diez patriarcas de la Primera Humanidad no son meras figuras históricas. Ellos son la arquitectura viviente del plan de redención de Yahuah. A través de ellos, Yahuah preserva la semilla pura, establece el linaje del Mesías, mantiene la humanidad portadora del Ruach, sostiene la justicia mientras la corrupción aumenta, y prepara el mundo para el evento de salvación de Noach, el prototipo de Yahusha. Cada patriarca lleva un elemento único del diseño redentivo. Examinémoslos uno por uno.

8.1 ADÂM – EL PRIMER HOMBRE, EL PRIMER PORTADOR DEL PACTO

El comienzo de la humanidad y la primera revelación de la redención

Bereshith 2:7

"Yahuah Elohiym formó al hombre del polvo… y el hombre se convirtió en un alma viviente."

Rol en la redención

Primero en recibir Torá directamente de Yahuah, primero en caminar con Yahuah en Pureza, primero en caer por desobediencia, primero en recibir la profecía del Mesías.

Bereshith 3:15

"La semilla de la mujer aplastará la cabeza del nachash..."

Esta es el proto-Evangelio — la primera profecía de Yahusha.

Legado

Transmitió el conocimiento de Yahuah, enseñó mandamientos a sus hijos, mantuvo lo Puro en la Primera Humanidad por casi mil años, y murió a los 930, faltando 70 años del día milenario (Jubileos 4:30).

Perspectiva redentiva:

A través del fracaso de Adam, Yahuah inició la promesa de un Redentor.

8.2 SHÊTH (SETH) – LA SEMILLA DESIGNADA

La restauración del linaje justa

Bereshith 4:25

"Elohiym me ha designado otra semilla en lugar de Hebel..."

Rol en la redención

Reemplaza al Abel asesinado como portador del linaje puro, restaura la herencia espiritual y establece el linaje del Mesías.

Legado

Maestro de justicia, su línea se contrasta consistentemente con El linaje corrompida de Qayin, y su nombre ("designado") apunta proféticamente al Redentor Designado.

Perspectiva redentiva:

A través de Seth, Yahuah restauró lo que se había perdido, asegurando que El linaje del Mesías permaneciera intacta.

8.3 ENÔSH – EL HOMBRE QUE RESTAURÓ LA VERDADERA ADORACIÓN

Bereshith 4:26

"Entonces comenzaron los hombres a invocar el Nombre de Yahuah."

Rol en la redención

Restauró el Nombre sagrado, restableció la oración y el sacrificio, y revivió la devoción y la adoración organizada.

Legado

Encendió un despertar espiritual, volvió a centrar a la humanidad alrededor de Yahuah y marcó un punto de retorno hacia la obediencia.

Perspectiva redentiva:

Enosh inicia el primer avivamiento, preparando corazones para las generaciones proféticas venideras.

8.4 QEYNÂN (KENAN) – EL PRESERVADOR DE LAS ENSEÑANZAS ANTIGUAS

Rol en la redención

Preservó la Torá oral de Adam, protegió las enseñanzas puras y fortaleció los fundamentos de la justicia.

Legado

Antepasado del linaje profética, mantuvo al mundo temprano alineado con el conocimiento de Yahuah.

Perspectiva redentiva:

Kenan resguardó la Pureza doctrinal necesaria para la genealogía del Mesías.

8.5 MAHALALEL – EL QUE "ALABA A ÊL"

Rol en la redención

Lideró a una generación en adoración, reforzó la identidad del pacto y ancló a la asamblea temprana en alabanza.

Legado

Padre de Yarad, llenó a su generación con reverencia y honor hacia Yahuah.

Perspectiva redentiva:

La alabanza preservó el ambiente espiritual necesario para el surgimiento profético de Chanok.

8.6 YÂRÊD (JARED) – EL HOMBRE DEL DESCENSO

Su vida marca la entrada de la rebelión celestial

Jubileos 4:15

Los Vigilantes descendieron en los días de Yarad.

Rol en la redención

Su era marca el comienzo de la corrupción en la tierra, los Vigilantes abandonaron su naturaleza celestial, se introdujo conocimiento prohibido y los Nefelinos fueron concebidos.

Legado

Preservó El linaje pura incluso cuando la corrupción crecía y fue padre de Chanok, a través de quien el juicio y la redención fueron revelados.

Perspectiva redentiva:

Yarad permanece como el protector del remanente, asegurando que El linaje pura sobreviva la primera gran crisis del mundo.

8.7 CHANÔK (ENOCH) – EL PRIMER PROFETA, ESCRIBA Y HOMBRE TRASLADADO

El profeta que fue llevado vivo al Paraíso

Bereshith 5:24

"Chanok caminó con Elohiym... y Elohiym se lo llevó."

Jubileos 4:17–19

Chanok fue descrito como el primer profeta, el primer escriba, el receptor de visiones celestiales, el que juzgó a los Vigilantes, el hombre que fue llevado al Jardín del Edén, y el único patriarca de la Primera Humanidad que no probó la muerte. Él no fue llevado al "cielo" como afirman tradiciones posteriores. Fue trasladado al Paraíso, el Jardín del Edén restaurado preparado para los justos, donde aún vive hoy, esperando el tiempo señalado por Yahuah. Está vivo — no como un espíritu desencarnado en el cielo, sino como un hombre preservado en el lugar de vida y santidad.

El lugar único de Chanok en la historia humana

Chanok ocupa una posición única en la Primera Humanidad. Caminó tan de cerca con Yahuah que fue removido del reino de la muerte. Es el primer ser humano llevado vivo al Paraíso. Recibió revelaciones sobre el mundo anterior a él, el mundo en el que vivió y el mundo venidero. A través de visiones y revelaciones, Chanok vio el trono celestial, las tablas celestiales, el juicio escrito contra los Vigilantes, El linaje del tiempo de la historia, la resurrección de los justos, el juicio final de los malvados y la renovación de la creación. Estas cosas le fueron mostradas — no porque ascendió físicamente al tercer cielo, sino porque Yahuah se las reveló mientras estaba bajo el Ruach y luego en el Paraíso.

Rol en la redención

Reveló el juicio venidero y el Diluvio

Chanok fue el primero en proclamar juicio sobre los Vigilantes, anunciar el Diluvio venidero, advertir sobre las consecuencias de la corrupción y revelar que Yahuah no permitiría que la Segunda Humanidad reinara para siempre. Preparó el camino para Noach mucho antes de que existiera la generación del Diluvio.

Profetizó al Mesías y la resurrección

A través de visiones, Chanok vio al Elegido / Hijo del Hombre, describió Su gloria y autoridad, vio la resurrección de los justos y la separación final entre justos y malvados. Se convirtió en una de las voces proféticas más tempranas que apuntan claramente a Yahusha y la restauración final.

Se convirtió en una señal viviente de la redención futura

La traslación de Chanok al Paraíso es una señal de que la muerte no es el destino final de los justos, una sombra profética de la transformación que Yahuah otorgará a Su pueblo, y un testimonio viviente de que un ser humano puede ser preservado, cuerpo y espíritu, por el poder de Yahuah. Así como la muerte de Adam reveló la consecuencia de la desobediencia, la traslación de Chanok revela la esperanza del redimido.

El legado de Chanok

Padre de Methushelach

Transmitió su conocimiento profético a Methushelach. A través de Methushelach, sus enseñanzas llegaron a Lamech y Noach.

Guardián de los escritos proféticos

Chanok escribió lo que vio y oyó, registró la historia desde la creación hasta la era final, y documentó la caída de los Vigilantes y el plan de redención. Sus libros fueron destinados a preservar la verdad para generaciones futuras, exponer las obras de las tinieblas y revelar la justicia y misericordia de Yahuah.

Debido a que sus escritos revelan el origen del mal, la corrupción de los ángeles, la verdad de los Nefelinos y el plan completo de redención, El linaje corrompida de la Segunda Humanidad trabajó para ocultarlos, para mantener al mundo ciego y lejos de la verdad de Yahuah. Sin embargo, Yahuah preservó el testimonio de Chanok a través de remanentes fieles, tradiciones y redescubrimientos posteriores.

Perspectiva redentiva

Chanok es el primer hombre en caminar tan cerca de Yahuah que la muerte no pudo reclamarlo, el primero en ser llevado vivo al Paraíso, el primero en ver el mapa completo de la redención desde la creación hasta la nueva era, y un recordatorio constante de que el plan de Yahuah no es solo perdonar, sino preservar y transformar. Su vida declara que la humanidad no fue creada para la muerte. La humanidad fue creada para la comunión, la revelación y la vida en la presencia de Yahuah. La traslación de Chanok al Paraíso apunta al día en que los redimidos también serán restaurados a una creación perfeccionada, caminando con Yahuah, no en el cielo como espíritus desencarnados, sino en una tierra renovada bajo Su reinado eterno.

8.8 METHUSHELACH – EL HOMBRE QUE DETUVO EL JUICIO

La vida más larga jamás vivida, una profecía de misericordia

El significado de su nombre es profético: "Cuando él muera, será enviado", lo que significa que el juicio no caería hasta que la vida de Methushelach terminara. Yahuah ató el tiempo del Diluvio a la vida de este hombre, convirtiéndolo en un símbolo viviente de paciencia divina.

Su vida retrasó el Diluvio por siglos

Yahuah permitió que Methushelach viviera 969 años, más que cualquier otro hombre, para retrasar la destrucción, extender la misericordia, dar tiempo a la humanidad para arrepentirse y preservar El linaje pura el tiempo suficiente para que Noach naciera, creciera y fuera preparado. La vida de Methushelach no es aleatoria. Es deliberada, estratégica y llena de gracia.

Preservó las enseñanzas de Chanok

Como hijo de Chanok, guardó los primeros escritos proféticos, protegió el testimonio del juicio de los Vigilantes, transmitió las enseñanzas de justicia a la siguiente generación y aseguró que Lamech y Noach entendieran la crisis venidera. Sin Methushelach, las advertencias proféticas podrían haberse perdido mientras la corrupción crecía.

Crió a Lamech en justicia

Methushelach preparó a su hijo Lamech para resistir la violencia de los Nefelinos, la corrupción del conocimiento de los Vigilantes y el colapso moral de la sociedad.

Legado

969 años — la vida más larga registrada. Su longevidad no es una curiosidad; es una línea de tiempo de misericordia.

Perspectiva redentiva

La vida de Methushelach demuestra que Yahuah retrasará el juicio mientras permanezca justicia sobre la tierra. La misericordia siempre precede a la ira. El juicio cae solo cuando todas las vías de redención han sido agotadas. Él es la encarnación viviente de que "Yahuah es paciente, no queriendo que ninguno perezca."

8.9 LAMECH – EL PADRE JUSTO DE NOACH

El puente entre lo Puro y la corrupción

Bereshith 5:28–29

"Este nos aliviará de nuestras obras, y del trabajo de nuestras manos..."

Lamech vivió en la primera generación en que la corrupción se volvió visible en todas partes: los Nefelinos caminaban por la tierra, la violencia cubría ciudades y regiones, la descendencia híbrida dominaba naciones, y la hechicería y el derramamiento de sangre se volvieron normales. Sin embargo, Lamech permaneció justo — una luz rara en un mundo que oscurecía.

Reconoció el llamado divino de Noach

Lamech vio proféticamente que su hijo Noach traería consuelo, preservación y salvación a través del Diluvio. Él anunció proféticamente: "Este nos consolará..." (Bereshith 5:29). Fue el primero en revelar que Noach cargaba un destino redentivo.

Crió al último patriarca de la Primera Humanidad

Lamech enseñó a Noach los caminos de justicia, las enseñanzas de Adam, Seth, Enosh y Chanok, los peligros de la corrupción y el juicio de los Vigilantes. Preparó a Noach para permanecer solo en Pureza.

Mantuvo lo Puro en medio de la creciente corrupción

Lamech fue testigo de la propagación de líneas de sangre híbridas, el colapso de la moralidad, la difusión del conocimiento prohibido y la violencia que llenaba el mundo. A pesar de vivir en la generación más oscura antes del Diluvio, Lamech preservó la tradición sagrada y se aseguró de que llegara a Noach.

Legado

El puente espiritual entre las edades justas y la era de corrupción, un padre cuya justicia ayudó a formar al hombre que salvaría a la humanidad.

Perspectiva redentiva

Lamech encarna el latido profético del plan de Yahuah: antes de que Yahuah salve al mundo, Él levanta a alguien que entiende la misión. Noach no surgió en un vacío — Lamech puso la base.

8.10 NÔACH (NOACH) – EL ÚLTIMO HOMBRE PURO DE LA PRIMERA HUMANIDAD

El vaso escogido para preservar la redención a través de las aguas del juicio

Bereshith 6:9

"Noach era perfecto en sus generaciones y caminó con Elohiym."

Jubileos 5:12

"Noach solo permaneció incorrupto cuando la tierra estaba llena de impureza."

La "perfección" de Noach se refiere a la Pureza del Linaje (tamiym), no a impecabilidad de carácter. Él fue el último hombre cuya genealogía no tenía corrupción de los Vigilantes.

Escogido para preservar la semilla pura

Noach permanece como el representante final de la Primera Humanidad, llevando la herencia genética intacta de Adam. A través de Noach, Yahuah preservó el linaje del Mesías, evitó la extinción total de la humanidad portadora del Ruach y aseguró que la tierra no se perdiera en la corrupción híbrida.

Constructor del Arca

El Arca es el primer gran símbolo de salvación, separación, pacto y nueva creación. Noach construyó el vaso mediante el cual los justos serían preservados, la creación sería reiniciada y la promesa de redención continuaría.

Predicador de justicia

Durante más de un siglo, Noach advirtió al mundo que se arrepintiera, que se apartara de la corrupción y que se preparara para el juicio. Encarnó la paciencia y compasión de Yahuah.

Portador del pacto

Después del Diluvio, Noach ofreció el primer altar en el mundo renovado, recibió el pacto de Yahuah, se convirtió en padre de todas las naciones y llevó El linaje profética al mundo post-Diluvio.

Prototipo del Mesías — un salvador de su generación

Noach salvó a la humanidad a través del agua. Yahusha salva a la humanidad a través de la sangre. Los patrones se alinean: Noach trajo salvación a un remanente, Yahusha trae salvación al mundo; Noach introdujo una nueva creación, Yahusha trae la creación final; Noach salvó a través de un arca, Yahusha es el Arca de Salvación.

Legado

Preservó el linaje puro de Adam, se convirtió en El linaje divisoria entre el Primer y el Segundo mundo, padre de la nueva humanidad y portador del camino que conduce a Abraham y Yahusha.

Perspectiva redentiva

La historia de Noach es la profecía más temprana y clara de la redención de Yahusha: salvación por agua → salvación por sangre. Noach salvó la primera creación. Yahusha salva la creación final.

8.11 LA GENEALOGÍA DE LA REDENCIÓN

Estos diez patriarcas son los guardianes de la semilla pura, los portadores del Ruach, los protectores del linaje del Mesías, El linaje del tiempo profética desde el Edén hasta el Diluvio y la estructura sobre la cual se construye la encarnación de Yahusha. Cada nombre, cada generación, cada vida es parte del plan ininterrumpido de Yahuah: de Adam → a Noach → a Abraham → a David → a Yahusha. La Primera Humanidad preservó el mundo el tiempo suficiente para que el Redentor finalmente pudiera venir.

Capítulo 9

La Pureza De La Primera Humanidad Antes Del Diluvio

La Raza del Ruach — La Imagen de Elohiym Preservada en la Tierra

Antes de que la corrupción entrara al mundo, antes de que los Vigilantes cayeran, antes de que los Nefelinos caminaran sobre la tierra, existió una era como ninguna otra: La Era de la Primera Humanidad. Esta humanidad — desde Adam hasta Noach — fue la única generación en la historia del mundo que vivió sin enemigos espirituales, sin corrupción genética, sin interferencia demoníaca, sin enfermedad ni deterioro, sin conocimiento prohibido y sin la presencia de seres malignos en su entorno. Eran el plano puro de lo que Yahuah intentó que fuera la humanidad. Y por 1.200 años, Yahuah protegió su Pureza porque su existencia era crucial para Su plan de redención en desarrollo. Este capítulo explora lo que hizo única a esta Primera Humanidad al revelar su identidad espiritual, su Pureza social y su papel en el propósito eterno de Yahuah.

9.1 ELLOS LLEVABAN EL RUACH DE ELOHIYM – EL DISEÑO INTERIOR DE LA PRIMERA HUMANIDAD

Bereshith 2:7

"Yahuah Elohiym sopló... y el hombre se convirtió en un alma viviente."

La Primera Humanidad no solamente vivía — vivía desde dentro del Ruach. Su espíritu les permitía oír a Yahuah con claridad, discernir la verdad sin esfuerzo, caminar en justicia de manera natural y recibir revelación sin distorsión. Esto no era "religión".

Era correspondencia directa con su Creador, el modo de vida normal para la Primera Humanidad.

Perspectiva redentiva

Yahusha vino a restaurar esta identidad portadora del Ruach, no a crear algo nuevo. La Primera Humanidad revela el destino original que Yahusha vino a redimir.

9.2 SU GENÉTICA ESPIRITUAL PERMITÍA UNA COMUNIÓN PERFECTA CON YAHUAH

Lo que los hacía únicos no era solo su espíritu sino toda su constitución: ADN intacto, mente no corrompida, entorno no contaminado, línea de sangre sin mancha y claridad de alma y cuerpo. Poseían un diseño físico y espiritual que ninguna generación posterior heredaría de manera natural. No había bloqueos espirituales, ni corrupción generacional, ni mal heredado, ni influencia demoníaca. Esta humanidad vivía en un mundo dondel cielo y la tierra se tocaban sin interferencia.

Perspectiva redentiva

Yahuah preservó este diseño puro durante 1.200 años para asegurar que el linaje del Redentor permaneciera libre de corrupción hasta el tiempo señalado.

9.3 SU MUNDO ERA PACÍFICO E INQUEBRANTADO

La Primera Humanidad vivía en paz, unidad, claridad moral, armonía con la creación y conocimiento espiritual. Los únicos pecados registrados fueron la desobediencia de Adam y Chawwâh y el asesinato cometido por Qayin. Ninguno de estos eventos introdujo corrupción espiritual en el sistema del mundo. Su mundo aún no conocía vicio, hechicería, guerra, alteración genética, opresión demoníaca ni hostilidad sobrenatural. Esto no era "inocencia" — era Puro en conocimiento y Puro en el entorno.

Perspectiva redentiva

La paz de la Primera Humanidad sirve como un anticipo profético de la Nueva Creación, cuando Yahusha restaure el mundo a la Pureza que existía antes de la corrupción.

9.4 ELLOS CAMINABAN CON ELOHIYM CON ACCESO PERSONAL Y COMUNICACIÓN CLARA

Bereshith 3:8

"Yahuah Elohiym caminando en el jardín..."

Esto no era mitología. Era el estilo de vida de la Primera Humanidad: encuentros directos, comunicación audible, comunión abierta. Incluso después de Edén, el patrón continuó. Adam enseñó mandamientos. Seth restableció la Pureza. Enosh dirigió la primera adoración organizada. Chanok caminó con Elohiym y fue llevado al Paraíso. Noach recibió instrucciones divinas detalladas. El linaje permaneció bajo pacto, profética y profundamente espiritual.

Perspectiva redentiva

Esta comunión directa prefigura el papel de Yahusha como el mediador que restaura el acceso a Yahuah.

9.5 ELLOS PRESERVARON EL VERDADERO CONOCIMIENTO DE YAHUAH – LA TORÁ ORAL DE EDÉN

La Primera Humanidad preservó el Nombre de Yahuah, el calendario celestial, los mandamientos originales, las leyes Puras y sacrificio, el entendimiento de la creación, las tradiciones proféticas y la identidad del pacto. Desde Adam hasta Noach, este conocimiento permaneció intacto. Pero Yahuah hizo aún más: Él envió Vigilantes justos para enseñar a la humanidad, no ángeles caídos — santos, como revelan Jubileos y Chanok. Su propósito era instruir en justicia, establecer juicio, revelar el orden celestial y asistir a la humanidad pura. Durante 700 años, la tierra disfrutó de un ministerio combinado de patriarcas en la tierra y Vigilantes del cielo. Esta era fue una edad dorada espiritual.

Perspectiva redentiva

Antes del juicio, Yahuah siempre da instrucción. La misión original de los Vigilantes refleja el ministerio de enseñanza de Yahusha.

9.6 LA PUREZA FUE PRESERVADA PORQUE NO HABÍA ENEMIGOS ESPIRITUALES – HASTA QUE LOS VIGILANTES CAYERON

Es necesario corregir una gran idea equivocada: la llegada de los Vigilantes no fue el comienzo de la corrupción. Su llegada marcó la cumbre de la enseñanza y la justicia. La corrupción comenzó solo cuando ellos abandonaron su asignación celestial alrededor del año 1200. Cuando tomaron mujeres humanas, quebrantaron sus juramentos, introdujeron artes prohibidas y dieron a luz a los Nefelinos — entonces el mundo cambió. Pero esta es la historia de la Segunda Humanidad, no de la Primera.

Perspectiva redentiva

Lo Puro de la Primera Humanidad muestra que Yahuah siempre comienza Su plan redentivo con un fundamento puro antes de confrontar la corrupción.

La Primera Humanidad no fue simplemente incorrupta — era el plano de Yahuah para la humanidad redimida. Su Pureza revela lo que Yahusha vino a restaurar. Su comunión directa con Yahuah refleja la relación restaurada en el Reino. Su genética espiritual preservó el linaje mesiánico. Su era revela el patrón de Yahuah: Puro → Instrucción → Prueba → Corrupción → Separación → Preservación → Redención.

Capítulo 10

El Propósito Profético De La Primera Humanidad

10.1 LA PRIMERA HUMANIDAD COMO EL PLANO ORIGINAL DE REDENCIÓN DE YAHUAH

No solo un modelo de creación — sino un modelo de salvación. Antes de que la corrupción entrara al mundo, Yahuah hizo algo extraordinario: Él incrustó el plan de redención en las primeras diez generaciones. Esto significa que la redención no fue "reactiva". La redención no comenzó con el pecado. La redención no empezó porque Adam cayó. La redención existía antes de la caída. La Primera Humanidad no es simplemente "el pueblo antes de la corrupción". Ellos son el plano viviente e histórico de lo que Yahusha restauraría, de cómo se parecerá el Reino, de cómo luce la humanidad bajo comunión perfecta, y de cómo luce la creación antes de que el mal intervenga.

Perspectiva redentiva

Yahuah preservó la Primera Humanidad para que el final de la historia (Yahusha restaurando todas las cosas) esté anclado al principio de la historia (el plano original).

10.2 LA PRIMERA HUMANIDAD COMO EL FUNDAMENTO DEL LINAJE MESIÁNICA

Adam a Noach — la raíz del árbol familiar escogido

Los primeros diez patriarcas fueron más que hombres justos. Fueron los pilares estructurales del linaje a través del cual vendrían el pacto, las promesas, las profecías y, finalmente, Yahusha. Cada hombre cargó una pieza del marco redentivo:

Adam — el portador del proto-Evangelion (la primera profecía del Mesías).

Seth — la simiente restaurada.

Enosh — el revelador de la adoración divina.

Kenan — el protector del conocimiento antiguo.

Mahalalel — la voz profética de alabanza.

Yared — aquel cuyos días marcan la intervención celestial.

Chanok — el profeta de las eras y el juez de los Vigilantes.

Methushelach — el símbolo de misericordia retrasando el juicio.

Lamech — el revelador del papel redentivo de Noach.

Noach — el portador de la Puro y del pacto de supervivencia.

Esto no es genealogía. Esto es arquitectura. Esto es diseño. Esto es el esqueleto de la historia de salvación.

Perspectiva redentiva

El nombre, la vida y las acciones de cada patriarca formaron una línea de tiempo profética que conducía a Yahusha — mucho antes de que la corrupción comenzara.

10.3 SOMBRAS PROFÉTICAS DE YAHUSHA EN LA PRIMERA HUMANIDAD

El Evangelio fue codificado antes de que el pecado se multiplicara

Yahuah colocó sombras proféticas de Yahusha en las vidas de los primeros patriarcas.

Adam — el primer "hijo de Elohiym" prefigura al Último Adam.

Seth — "simiente nombrada" refleja la simiente prometida de la mujer.

Enosh — adoración e invocar a Yahuah, reflejado en el ministerio de Yahusha.

Chanok — traslación al Paraíso refleja la victoria de Yahusha sobre la muerte.

Noach — salvación a través del agua anticipa salvación a través de la sangre.

Esto significa que Yahusha no fue la solución a la corrupción — Él fue el cumplimiento del diseño original mostrado en la Primera Humanidad.

Perspectiva redentiva

La redención no es la reparación de un mundo roto — es la restauración de un plano preescrito en los primeros patriarcas.

10.4 LA PRIMERA HUMANIDAD COMO EL MODELO DIVINO DE REINICIO

Cuando vino el Diluvio, Yahuah no "comenzó de nuevo". Él realineó el mundo con el plano original. Noach no es un nuevo comienzo — es una continuación de la Primera Humanidad. El Diluvio nunca fue destrucción por destrucción. Fue purificación, preservación, alineamiento y protección de la simiente mesiánica. Yahuah limpió el mundo para asegurar que el plano continuara hasta la llegada de Yahusha.

Perspectiva redentiva

El Diluvio muestra el compromiso de Yahuah de restaurar la humanidad a la Pureza y comunión de la Primera Humanidad — no abandonarla.

10.5 LA PRIMERA HUMANIDAD COMO EL ESTÁNDAR QUE JUZGA TODAS LAS GENERACIONES

La Primera Humanidad vivió en Pureza, oyó la voz de Yahuah, caminó con Él, preservó la santidad y mantuvo la justicia. Esto los hace el punto de referencia. Cada generación posterior es medida por el patrón original, no por el mundo corrompido. Esto significa que la Segunda Humanidad (después de los Vigilantes) es juzgada por la Primera Humanidad, la Tercera Humanidad (después de la resurrección) es restaurada para parecerse a la Primera Humanidad, la Era del Reino está modelada según la Primera Humanidad, y Yahusha nos devuelve a lo que se perdió.

Perspectiva redentiva

La Primera Humanidad es el espejo que Yahusha utiliza para mostrar cómo lucirá la humanidad redimida en la era venidera.

10.6 LA PRIMERA HUMANIDAD COMO GARANTE DEL REINO FUTURO

Todo lo que Yahusha restaurará en la Era del Reino existió primero en Adam → Noach: comunión, Puro, salud, claridad espiritual, larga vida, paz, unidad, instrucción divina. La Primera Humanidad es el prototipo del Reino Milenial. El plan de redención no es simplemente perdón de pecados — es la restauración del mundo de Adam, Seth, Enosh y Noach.

Perspectiva redentiva

El final se parece al principio. Yahusha restaura a la humanidad a su estado original, no una versión improvisada.

10.7 LA PRIMERA HUMANIDAD FUE LA RAÍZ DEL ÁRBOL MESIÁNICO

Desde Adam hasta Noach, El linaje mesiánica fue guardada, protegida, preservada, sostenida y proféticamente formada. Ningún patriarca vivió por accidente. Cada uno cargó una parte del pacto hasta que el Redentor viniera. Esta línea sobrevivió la caída, sobrevivió el surgimiento de la corrupción, sobrevivió el Diluvio y continuó a través de Shem, Abraham, Isaac, Jacob, David... hasta alcanzar a Yahusha.

Perspectiva redentiva

Sin la Primera Humanidad, no habría Mesías. Su Pureza preservada fue el vientre de la redención.

La Primera Humanidad es el diseño, no solo el comienzo. Su existencia revela lo que Yahusha vino a restaurar, no meramente lo que se perdió. Cada patriarca cargó una pieza profética del rompecabezas de la redención. Sus vidas codificaron el Evangelio antes de que la corrupción se extendiera. El Diluvio preservó el diseño, no lo reinició. El linaje mesiánica fluye directamente de su Pureza preservada. La restauración del tiempo del fin refleja la Primera Humanidad.

Capítulo 11

La Preparación Oculta Para El Conflicto Venidero

Cómo Yahuah Usó el Tiempo, la Memoria y la Misericordia para Posicionar a la Primera Humanidad

El Libro Dos nos ha mostrado quién fue la Primera Humanidad: pura, instruida, portadora del Espíritu, viviendo en un mundo que aún resonaba con Edén. Pero hay una historia más silenciosa que corre por debajo de todo eso — una historia raramente contada: cómo Yahuah usó el tiempo mismo como herramienta de misericordia, cómo construyó una memoria colectiva lo suficientemente fuerte para resistir la futura oscuridad, cómo el cielo observó y registró las primeras eras, y cómo el mundo fue posicionado silenciosamente para el mayor conflicto de la historia humana. El Libro Dos no trata solo de quién fue la Primera Humanidad. Trata de cómo Yahuah la preparó para el momento en que todo cambiaría.

11.1 EL TIEMPO COMO EL PRIMER INSTRUMENTO DE MISERICORDIA

Las largas vidas antes del Diluvio no fueron una curiosidad biológica aleatoria. Fueron una parte deliberada de la estrategia de Yahuah. Cuando Adam vivió por siglos, significaba mucho más que longevidad personal. Generación tras generación podía escuchar la historia de la creación de los propios labios del hombre que estuvo en el Jardín.

Las promesas, advertencias y mandamientos de Yahuah no pasaron a través de cientos de intermediarios anónimos. Pasaron por muy pocas bocas, repetidamente, durante muchos siglos. Las mismas voces que escucharon a Yahuah personalmente todavía hablaban mientras nacían nuevas generaciones.

En otras palabras, Yahuah extendió las vidas de los primeros patriarcas para que la verdad no se fragmentara mientras el mundo aún era espiritualmente joven.

Las largas edades de Adam y sus descendientes eran un escudo contra la distorsión, una confirmación viviente del comienzo y un recordatorio continuo de que la creación tenía un propósito y un Creador. Antes de las batallas, Yahuah aseguró la memoria. Él se aseguró de que cuando la corrupción finalmente llegara, no lo haría a un mundo ignorante de la verdad, sino a un mundo que había escuchado la verdad a menudo y claramente.

11.2 LA FORMACIÓN DE UNA MEMORIA DEL PACTO

La Primera Humanidad no solo era pura — estaba siendo entrenada. A lo largo de siglos, Yahuah no solo observaba el comportamiento humano; Él estaba moldeando la identidad humana. A través de instrucción repetida, adoración compartida, altares, ofrendas, palabras proféticas y los testimonios de los patriarcas, una memoria de pacto se formó.

Esta memoria no consistía solo en doctrinas, sino en historias de la bondad de Yahuah, recuerdos de Edén, testimonios de Su voz, advertencias sobre la desobediencia, la promesa de la Simiente venidera y el entendimiento de que la historia misma avanzaba hacia algún lugar.

La Primera Humanidad no poseía rollos como las generaciones posteriores. Su Escritura era viviente: hombres vivientes que habían caminado con Yahuah, tradiciones vivientes guardadas por padres y ancianos, adoración viviente que incrustaba la verdad en la vida diaria. Esto no era nostalgia. Era preparación.

Yahuah estaba construyendo algo más profundo que un pueblo que se comportara bien. Estaba construyendo un pueblo que recordara — para que cuando llegara la prueba, los justos tuvieran algo firme a lo cual aferrarse.

11.3 LA VIGILIA SILENCIOSA DEL CIELO

Mientras la Primera Humanidad caminaba la tierra en Pureza, los cielos no eran indiferentes. Espíritus ministradores, Vigilantes justos y la corte celestial observaban, registraban y daban testimonio del desarrollo de la historia humana.

Antes de la rebelión de cualquier ángel, hubo una larga era de observación. Las decisiones de los hombres fueron vistas, el crecimiento de la adoración fue anotado, las respuestas a la voz de Yahuah fueron evaluadas, y los primeros altares y sacrificios fueron recordados en el cielo.

Nada fue casual. La Primera Humanidad vivía en un mundo sin enemigos espirituales, pero no sin atención espiritual. Su fidelidad, sus fallas, su adoración, su obediencia — todo estaba escribiendo un testimonio que más tarde sería usado para juzgar la rebelión, justificar la misericordia y demostrar que la humanidad era capaz de caminar con Yahuah antes de que la corrupción tocara la tierra.

Antes de que cualquier acusación pudiera levantarse, el cielo ya tenía prueba: la humanidad, en su estado original, podía caminar en justicia.

11.4 LAS PRIMERAS TENSIONES DENTRO DE LA HISTORIA HUMANA

Aunque la Primera Humanidad permaneció pura en naturaleza, no estuvo exenta de tensión interna. A lo largo de los siglos, aparecieron dinámicas sutiles: el peso de la distancia de Edén, el dolor de la muerte entrando en la historia, las preguntas que surgen en un mundo donde la desobediencia tiene consecuencias, y el impacto emocional de la pérdida, el trabajo y la espera.

Estas no eran señales de corrupción. Eran las primeras señales de madurez humana: aprender a confiar en Yahuah fuera del Jardín, aprender a obedecer sin ver todo, aprender a vivir por la promesa y no por la vista.

En estas tensiones internas, la reverencia creció más profundamente, la dependencia se volvió más consciente, la adoración ganó más significado. Yahuah no solo preservaba un pueblo puro; los estaba madurando. Ya no eran solamente inocentes — estaban volviéndose responsables.

Esta jornada interna haría toda la diferencia cuando el mundo se dividiera en dos humanidades. Aquellos que se aferraron a Yahuah lo hicieron no solo por hábito, sino por una relación probada.

11.5 POR QUÉ LA ERA DE LA PRIMERA HUMANIDAD NO PODÍA DURAR PARA SIEMPRE

La Primera Humanidad era pura, preservada y amada. Sin embargo, su era nunca estuvo destinada a ser el estado final de la creación. Si la historia hubiera terminado allí, no habría revelación de la justicia de Yahuah contra la corrupción, ni manifestación de Su misericordia en medio de la maldad, ni despliegue de Su poder para restaurar lo que fue atacado, ni revelación de Yahusha como Redentor, Juez y Rey.

La Primera Humanidad es el fundamento, no la conclusión. Yahuah permitió que su era durara lo suficiente para establecer el plano, construir la memoria del pacto, anclar El linaje mesiánica y demostrar que Su diseño era bueno.

Pero para que la plenitud de Su propósito se revelara, el mundo tendría que enfrentar oposición, distorsión y rebelión abierta. No porque Yahuah deseara el mal, sino porque Él intentaba revelar una salvación tan completa que nada — ni siquiera la peor corrupción — podría resistirla.

El final de la era de la Primera Humanidad no es un fracaso del plano. Es el momento en que el plano es llevado a un mundo en conflicto para que la redención pueda ser vista en su plenitud.

11.6 PARADOS AL BORDE DE DOS MUNDOS

Al final de la era descrita en este libro, la tierra se encuentra en un umbral: detrás della, siglos Puros, unidad, instrucción directa y memoria de pacto; delante della, una colisión venidera entre el cielo y la tierra, entre obediencia y rebelión, entre lo que Yahuah creó y lo que seres rebeldes intentarán rehacer.

La Primera Humanidad ha recibido el aliento de Elohiym, ha aprendido Sus caminos, ha preservado Su Nombre, ha guardado Su linaje y ha sido entrenada en confianza fuera de Edén. Están listos — no para destrucción, sino para prueba. La siguiente etapa de la historia no comenzará en ignorancia, sino en plena luz.

El Libro Dos termina con la humanidad aún pura en naturaleza, aún portando el Ruach, aún caminando bajo la memoria de Edén, aún anclada en las palabras de Adam, Chanok y los patriarcas. Pero el horizonte se oscurece. Un tipo diferente de humanidad está a punto de aparecer — una no nacida del aliento de Yahuah, sino de la unión de ángeles rebeldes con mujeres mortales.

Un mundo que solo ha conocido luz incontestada está a punto de enfrentar oscuridad organizada.

11.7 CUANDO LA HUMANIDAD SE ROMPE

El Libro Tres no volverá a contar la Pureza de la Primera Humanidad. Revelará cómo surge la Segunda Humanidad, cómo finalmente colisionan las tensiones internas y las tentaciones externas, cómo la rebelión de los Vigilantes desgarra la historia humana, cómo la naturaleza de la humanidad es desafiada, alterada y convertida en arma, y cómo el plan de redención de Yahuah responde a esta nueva y brutal realidad.

Si el Libro Uno reveló las Obras de la Creación, y el Libro Dos reveló la Primera Humanidad en su santo comienzo, entonces el Libro Tres revelará: La Naturaleza Caída — Cómo Nació la Segunda Humanidad, y Cómo Yahuah Rehusó Abandonar Su Diseño.

La historia ahora pasa de la pureza no puesta a prueba a la identidad atacada, del orden no disputado a la guerra espiritual, de la preparación silenciosa al conflicto abierto.

La Primera Humanidad ha sido preparada. El escenario está listo. El cielo ha observado. El testimonio está escrito.

Ahora la pregunta será probada en el mundo de la Segunda Humanidad:

¿Qué sucede cuando una creación pura se encuentra con una corrupción que nunca fue diseñada para habitar?

El Libro Dos termina aquí, con la Primera Humanidad de pie en la luz de Yahuah, al borde mismo de una oscuridad que intentará, y fracasará, en borrar todo lo que Yahuah ha comenzado.

LIBRO 3
LAS TRES HUMANIDADES

La Corrupción de la Segunda Humanidad y la Aceleración del Plan de Salvación de Yahuah

LA SEGUNDA HUMANIDAD

El linaje Híbrido Nacida Sin el Rúach de Elohiym

Cómo la Caída de los Vigilantes Produjo un Pueblo Fuera de la Redención — y Cómo Yahuah Preservó Su Plan

Introducción

El Surgimiento De Una Segunda Humanidad

En el principio, Yahuah Elohiym formó una sola humanidad — un pueblo puro y unificado, creado por medio de Su Rúach y diseñado para caminar en comunión perpetua con Él. Durante casi doce siglos, el mundo permaneció intacto por la oscuridad que un día descendería del cielo. No había corrupción, ni influencia demoníaca, ni interferencia genética, ni seres híbridos — solo las consecuencias naturales de la desobediencia de Adam y Chawwáh, pero aún no la contaminación que surgiría de la rebelión de seres celestiales.

Alrededor del quinto siglo de la historia humana, Yahuah envió a Sus santos Vigilantes, mensajeros de justicia, para instruir a la humanidad en los caminos de la vida y del orden divino. Por medio de ellos, la humanidad aprendió:

- las leyes y mandamientos de Yahuah

- justicia, rectitud y verdad

- agricultura y el cultivo de la tierra

- conducta apropiada y relaciones correctas

- conocimiento celestial y sabiduría

Por generaciones, la humanidad floreció bajo su guía. El mundo reflejaba la armonía que Yahuah había destinado — una sociedad guiada por la Pureza, rectitud y la influencia directa del Rúach.

Pero alrededor del año 1,200, estalló una catástrofe — una que para siempre dividiría a la humanidad en dos grupos distintos.

Los mismos Vigilantes que habían sido encargados de enseñar justicia cayeron en rebelión. Lo que comenzó como admiración se convirtió en lujuria. Lo que comenzó como servicio se convirtió en desobediencia. Abandonaron su morada celestial, tomaron mujeres humanas como esposas y forjaron una unión prohibida en el cielo y desconocida en la tierra.

De esta transgresión surgieron los seres llamados Nefelino — una raza híbrida de gigantes, nacidos con carne corrompida, fuerza inmensa, ADN alterado y sin el Rúach de Elohiym.

En ese momento, la humanidad dejó de ser un solo pueblo.

Ahora existían dos grupos:

1. EL LINAJE HUMANO ORIGINAL – PURO Y RESPIRADO POR EL RÚACH

- creado por el aliento de Elohiym
- capaz de buscar a Yahuah
- capaz de arrepentirse
- capaz de obedecer
- capaz de llevar Su pacto

2. La Segunda Humanidad — El linaje Híbrido

- nacido sin el Rúach
- incapaz de conectarse con Yahuah
- incapaz de arrepentirse
- predispuesto enteramente hacia el mal
- corrompiendo la tierra simplemente por existir

Este segundo grupo no formaba parte del diseño de Yahuah.

No fueron creados por Su voluntad.

No descendían de Adam a través del neshama de Elohiym.

No poseían chispa divina, ni conocimiento espiritual, ni capacidad de redención.

La humanidad ahora había sido dividida — y el mundo nunca volvería a ser el mismo.

Capítulo 3

La Naturaleza De La Segunda Humanidad

Nacida Sin el Rúach, Destinada a la Corrupción

1.1 – EL NACIMIENTO DE UNA HUMANIDAD FUERA DEL DISEÑO DE YAHUAH

Cuando los Vigilantes descendieron fuera de su orden asignado y se unieron con las hijas de los hombres, el resultado fue un nuevo tipo de humanidad — una que no pertenecía a la creación original de Yahuah. La descendencia de estas uniones prohibidas, conocidas en la Escritura como Nefelino, eran extraordinarias en fuerza física pero catastróficas en naturaleza espiritual.

Estaban vivos en la carne, pero muertos en el espíritu. Caminaban por la tierra con un vigor inmenso, pero carecían de la chispa divina que hace que un ser humano sea capaz de conocer, amar u obedecer a Yahuah.

Por primera vez desde la creación, existía una humanidad que Yahuah no formó, no moldeó y en la cual no sopló.

Este evento no solo perturbó a la humanidad — amenazó el plan entero de salvación. Si la corrupción prevalecía, El linaje que traería la redención podía ser borrada.

1.2 – LA DIFERENCIA FUNDAMENTAL ENTRE LAS DOS HUMANIDADES

Adam y Chawwáh fueron creados con la Neshamáh — el aliento divino de vida (Bereshit 2:7). Este aliento los infundió con el Rúach, la imagen divina, la capacidad de comunicarse con Yahuah, la capacidad moral de obedecer o desobedecer, y la identidad de pacto dada a la humanidad.

Pero la segunda humanidad — la descendencia híbrida de los Vigilantes — no recibió nada de esto. Sus cuerpos eran fuertes, pero sus espíritus estaban vacíos. Sus mentes eran agudas, pero su naturaleza estaba alejada de Elohiym. Su existencia era poderosa, pero completamente fuera del pacto.

Esta división no es solo biológica; es espiritual, teológica y profética — y prepara el escenario para entender por qué Yahuah actuaría después para preservar El linaje de redención.

1.3 – UNA HUMANIDAD TOTALMENTE CARNAL Y NO ESPIRITUAL

La Escritura y Enoc explican juntos la condición del linaje híbrido: seres nacidos sin el Rúach son totalmente carnales e incapaces de conocer a Elohiym.

1. — Enoc Revela el Origen de una Línea Solo de Carne

Chănók (Enoc) registra la represión de Yahuah a los Vigilantes caídos:

"Ustedes eran qadosh, espirituales, viviendo la vida eterna; sin embargo, se contaminaron con la sangre de mujeres, y han engendrado hijos con la sangre de la carne."

— Enoc 15:4

Este verso expone la crisis espiritual. Los Vigilantes eran seres espirituales. Las mujeres eran carne. Su descendencia nació totalmente de carne, sin el aliento ni el Rúach de Elohiym.

Esto explica por qué la segunda humanidad estaba espiritualmente muerta desde el nacimiento.

2. — "Nacido de carne" significa "solo carne"

Yahusha confirmó este principio:

"Lo que es nacido de la carne, carne es; y lo que es nacido del Espíritu, espíritu es."

— Yoḥanan 3:6

La segunda humanidad nació solo de carne y por lo tanto permaneció solo carne — nunca espíritu.

3. — Enoc Confirma Su Vacío Espiritual

Enoc va más lejos:

"Los espíritus nacidos de carne y sangre serán llamados espíritus malignos sobre la tierra... porque nacieron de los hombres y de los santos Vigilantes es su origen."

— Enoc 15:8–9

Esto establece que no poseían aliento divino, ni vida espiritual, ni identidad eterna, ni conexión de pacto, ni Rúach.

No fueron creados para ser redimidos — pero el plan de salvación de Yahuah incluía impedir que esta corrupción dominara toda la tierra.

4. — Pablo: El Hombre Natural No Puede Recibir las Cosas de Elohiym

Sha'úl confirma la condición de cualquier ser sin el Rúach:

"El hombre natural no recibe las cosas del Espíritu de Elohiym... no las puede entender, porque se disciernen espiritualmente."

— 1 Corintios 2:14

Los Nefelinos eran los "hombres naturales" definitivos — completamente carne, espiritualmente ciegos.

5. — Judas: Carentes del Espíritu

Yahudah describe seres que no poseen el Rúach:

"Estos son mundanos, naturales, carentes del Espíritu."

— Yahudah (Judas) 1:19

Esto encaja precisamente con la segunda humanidad: un pueblo de carne sin Espíritu.

1.4 – UNA HUMANIDAD SIN RÚACH

Los Nefelinos y sus descendientes estaban marcados por una completa separación espiritual. No poseían Rúach, ni capacidad de pacto, ni acceso a Yahuah, ni herencia espiritual, ni capacidad de arrepentimiento, ni redención.

Esto no es solo una categoría moral. Es una imposibilidad espiritual.

Los Vigilantes no tenían Rúach, por lo que no podían transmitir Rúach. Su descendencia estaba biológicamente viva pero espiritualmente vacía.

Por esto su presencia amenazaba El linaje de salvación — y por esto Yahuah pronto intervendría para proteger el mundo que Él creó y la humanidad que Él intentaba redimir.

1.5 – LA HERENCIA DE LA RUPTURA

Como revelan Enoc y Judas, los Vigilantes perdieron su morada:

"Los ángeles que no guardaron su primer estado, Él los ha reservado en cadenas eternas."

— Yahudah (Judas) 1:6

Sus hijos heredaron las consecuencias de su rebelión. Nacieron ya separados. Nacidos ya corrompidos. Nacidos ya fuera del pacto. Nacidos ya contrarios al plan de salvación.

Sin embargo, aun en esta oscuridad, el plan de Yahuah no falló. La existencia de la segunda humanidad no canceló la redención — reveló la necesidad della. Demostró que la humanidad no podía salvarse por sí misma. Mostró el peligro de la rebelión espiritual.

Preparó el escenario para la preservación de Noach, el pacto de Abraham, El linaje de Yasharal y, en última instancia, la venida de Yahusha, el que restaura lo que la corrupción intentó destruir.

El surgimiento de la segunda humanidad solo magnifica el brillo de la salvación de Yahuah.

Capítulo 2

La Herencia De La Segunda Humanidad

El linaje Híbrido Formada Sin el Rúach de Yahuah

2.1 – LA HERENCIA DUAL DE LOS NEFELINOS

Los Nefelinos heredaron rasgos de dos órdenes diferentes de creación, pero carecían del más esencial: el Rúach de Yahuah

1. — Lo Que Heredaron de Sus Padres Angelicales

De los Vigilantes caídos recibieron fuerza antinatural, conocimiento sobrenatural no destinado a la humanidad, instintos de dominio y agresión territorial, un temperamento guerrero, rebelión espiritual, y orgullo y autoexaltación. Estas características reflejaban la naturaleza corrompida de sus padres — seres que una vez fueron qadosh pero cayeron de su morada por desobediencia.

2. — Lo Que Heredaron de Sus Madres Humanas

De las mujeres mortales heredaron carne mortal, naturaleza corruptible, apetitos humanos, volatilidad emocional y deseos terrenales. Esto creó una condición híbrida: mortalidad carnal fusionada con rasgos celestiales caídos — una mezcla que Yahuah nunca diseñó.

3. — La Naturaleza Resultante de la Segunda Humanidad

Esta combinación produjo seres intelectualmente brillantes, físicamente aterradores, espiritualmente ciegos, moralmente corruptos y violentamente dominantes. Eran cuerpos sobredimensionados con almas subdesarrolladas — criaturas de instinto, no de pacto.

2.2 – LA ÚNICA HERENCIA QUE LES FALTABA: EL RÚACH DE YAHUAH

La verdad teológica más crítica es esta:

1. — Los Ángeles No Pueden Transmitir el Aliento de Elohiym

Solo Yahuah mismo puede dar neshamáh (el aliento de vida) y Rúach (la capacidad espiritual de conocerlo). Los Vigilantes, aunque poderosos, no poseen el Rúach — por lo tanto, no pueden transmitir lo que no tienen.

2. — Lo Que los Híbridos No Podían Recibir

Porque carecían del Rúach, El linaje híbrido era incapaz de recibir pacto, Toráh, arrepentimiento, redención, comunión espiritual o el conocimiento de Yahuah. Eran como tumbas vivientes — cascarones de carne sin capacidad para la vida espiritual.

3. — Por Qué Yahuah No Los Llamó al Arrepentimiento

Esto explica tres realidades críticas.

Yahuah no los llamó al arrepentimiento porque el arrepentimiento requiere Rúach.

Noach fue enviado a advertir a los humanos, no a los Nefelinos, porque solo los humanos podían responder.

La destrucción de los híbridos no fue juicio — fue preservación, porque su existencia amenazaba la supervivencia del linaje de Adam a través de la cual vendría la salvación.

2.3 – LA DESCRIPCIÓN DE LA ESCRITURA SOBRE SU NATURALEZA

1. — La Perspectiva Terrenal (Bereshit 6:4)

"Hombres poderosos... gibborim... hombres de renombre."

— Bereshit 6:4

Los humanos los describieron por su fuerza física y reputación pública.

2. — La Perspectiva del Cielo (Enoc y Jubileos)

El cielo, sin embargo, los describe como abominaciones, corrupciones, contaminaciones de la creación, enemigos del orden divino, intrusos en la historia humana, seres incompatibles con el pacto y destructores violentos de la tierra.

Jubileos y Enoc los llaman espíritus de maldad, bastardos de los Vigilantes, gigantes, tiranos y devoradores de la humanidad.

Eran criaturas que nunca debieron existir, producidas solo porque los Vigilantes cruzaron un límite que Yahuah había prohibido eternamente.

2.4 – EL PROBLEMA TEOLÓGICO SUPREMO

La segunda humanidad no formaba parte de la creación que Yahuah declaró "muy buena".

1. — El linaje de Adam Fue Formada por el Diseño de Yahuah

El linaje de Adam provino del aliento divino, la intención divina, el propósito divino, la compasión divina y el diseño de pacto.

2. — El linaje Híbrido Fue Formado por Rebelión

El linaje Híbrido se originó por rebelión, lujuria, desobediencia, transgresión espiritual y unión no autorizada.

3. — No Eran una Rama de Adam — Eran una Interrupción

La segunda humanidad era una contaminación, una corrupción, una semilla extranjera, una amenaza a la creación original y una interrupción al linaje por la cual vendría la salvación.

Si se les permitía propagarse sin control, podían borrar el linaje mismo por el cual Yahusha nacería más tarde.

Por lo tanto, el problema no era meramente histórico — era redentivo, ligado a la supervivencia del plan de salvación de Yahuah.

2.5 – CONCLUSIÓN DE LA SECCIÓN 1

La segunda humanidad — nacida de los Vigilantes y de mujeres mortales — entró al mundo sin el Rúach que hace a la humanidad capaz de conocer a Elohiym.

Eran físicamente vivos, espiritualmente muertos, mentalmente brillantes, moralmente en quiebra, poderosos en cuerpo y sin poder en espíritu.

Sin el Rúach, no podían adorar, arrepentirse, obedecer, amar, recibir instrucción, caminar en pacto ni ser redimidos.

Eran, en esencia, cuerpos humanos sin el aliento divino que hace que un alma sea capaz de conocer a Yahuah.

Esta es la base sobre la cual se construye el resto de la Parte 2 — revelando cómo Yahuah preservó Su plan de salvación en medio de un mundo amenazado por una raza corrompida que Él nunca creó ni respiró.

Capítulo 3

Por Qué La Segunda Humanidad No Tiene Redención

La Realidad Teológica de una Existencia Híbrida

3.1 – NACIDOS SIN RÚACH, POR LO TANTO NACIDOS FUERA DE LA REDENCIÓN

El segundo grupo de la humanidad — la descendencia híbrida de los Vigilantes y mujeres humanas — no perdió el Rúach de Yahuah. Nunca lo poseyó. No eran humanos corrompidos. Eran un tipo diferente de ser — nacidos con vida biológica, pero sin la capacidad espiritual interna que conecta a la humanidad con Elohiym.

1. — No Cayeron: Nacieron Caídos

Adam y Chawwáh cayeron por desobediencia. Los Vigilantes cayeron por rebelión. Pero la descendencia híbrida entró al mundo ya en muerte espiritual porque los ángeles no poseen el Rúach de procreación y los ángeles no pueden transmitir el aliento divino que Yahuah sopló en Adam. Por lo tanto, los Nefelinos no eran otra tribu de la humanidad; eran una categoría espiritual diferente, nacida fuera del diseño del pacto.

3.2 – CONCEBIDOS POR TRANSGRESIÓN, NO POR CREACIÓN. NO SE REBELARON: NACIERON DE LA REBELIÓN

Su propia concepción fue una violación: "Los hijos de Elohiym... tomaron para sí mujeres de entre las hijas de los hombres."

— Bereshit 6:2

Su existencia comenzó como una ruptura del orden divino, una interrupción de la creación y una fractura en El linaje adámico. Desde su primer aliento, encarnaron la rebelión de sus padres.

3.3 – INCAPACES DE BUSCAR A YAHUAH

Para buscar a Yahuah, un ser debe poseer Rúach capaz de arrepentimiento, un alma diseñada para el pacto, una identidad enraizada en el aliento de Adam, la capacidad de someterse a la ley divina y herencia espiritual. Los Nefelinos no poseían nada de esto.

1. — Por Qué No Podían Arrepentirse

Porque no descendían del Rúach de Adam, carecían de la capacidad interna para convicción, arrepentimiento, remordimiento, transformación, obediencia, adoración y relación. Estaban vivos en la carne, pero muertos en el espíritu. Esto no es fracaso moral. Esto es incapacidad ontológica.

3.4 – POR QUÉ YAHUAH NUNCA LES OFRECIÓ REDENCIÓN

En ninguna parte de la Escritura Yahuah los llama al arrepentimiento, los incluye en pacto, les envía profetas o les ofrece perdón. En cambio, están excluidos desde el nacimiento, están fuera del linaje del pacto, sus espíritus se convierten en demonios al morir (Jubileos + Enoc), y sus cuerpos son destruidos en el Diluvio.

Yahuah nunca ordenó a Noach que les predicara. Noach predicó a los humanos capaces de arrepentimiento — no a seres híbridos sin vaso espiritual.

Un ser sin Rúach no puede arrepentirse.

Un ser sin identidad de pacto no puede ser redimido.

Un ser que no desciende del aliento de Adam no puede entrar en el plan de salvación de Yahuah.

3.5 – POR QUÉ LA REDENCIÓN ES TEOLÓGICAMENTE IMPOSIBLE PARA LOS HÍBRIDOS

La redención requiere el Rúach de Yahuah, un alma nacida bajo la estructura del pacto de Adam, participación en El linaje de sangre diseñada por Elohiym, la capacidad de responder a la convicción y la capacidad de elegir la justicia.

Los Nefelinos no tienen Rúach, ni linaje de pacto, ni capacidad interna para santidad, ni herencia espiritual, ni un vínculo creado con Yahuah.

No eran una línea caída que debía ser restaurada. Eran una línea intrusa que amenazaba la existencia de la única línea por la cual vendría la salvación.

3.6 – Y SIN EMBARGO... EL PLAN DE SALVACIÓN SOBREVIVIÓ

Mientras la raza híbrida llenaba la tierra de violencia y terror (Bereshit 6:11–12), Yahuah preservó a una sola familia: Noach — "Perfecto en Sus Generaciones", lo que significa perfecto en linaje, sin corrupción en su línea de sangre.

A través de Noach, Yahuah aseguró la preservación del Rúach de Adam, la continuación de la verdadera línea humana, la semilla por la cual vendría el Mesías, el mantenimiento de la herencia espiritual y la posibilidad de redención para la creación.

Incluso cuando la corrupción híbrida amenazaba la tierra, la redención era cargada dentro del arca — protegida, preservada y destinada al cumplimiento.

3.7 – PENSAMIENTO DE RESUMEN

La segunda humanidad no tuvo redención, no porque Yahuah careciera de misericordia, sino porque ellos carecían de la esencia que hace que la misericordia sea recibible.

Y sin embargo, la misericordia de Yahuah brilla con esplendor: Él preservó El linaje puro de Adam — la única línea capaz de recibir salvación, portar pacto y finalmente traer a Yahusha.

Capítulo 4

La Misericordia De Yahuah En Medio De La Creciente Corrupción

Noach: La Última Semilla Pura y el Puente de Redención

4.1 – UN NACIMIENTO MILAGROSO EN UN MUNDO MORIBUNDO

Mientras la segunda humanidad se multiplicaba sobre la tierra — híbrida, sin ley y muerta espiritualmente — algo sin precedentes ocurrió dentro del linaje puro restante de Adam.

En los días de Lamec nació un niño cuya apariencia aterrorizó a su padre, con piel que brillaba como la nieve, cabello blanco como la lana, ojos que resplandecían como el sol y una boca que hablaba sabiduría celestial desde su nacimiento.

Este niño era Noach — la última semilla Pura, el último hombre nacido con una herencia de Rúach ininterrumpida desde Adam.

1. — Jubileos Registra el Misterio

Jubileos declara que el nacimiento de Noach fue diferente a cualquiera antes de él, un acto milagroso de preservación por parte de Yahuah para asegurar que el pacto, la promesa y finalmente la salvación no perecieran de la tierra.

4.2 – NOACH: LA SEMILLA PRESERVADA DE ADAM

1. — El Último Hombre Intocado por la Corrupción Híbrida

A medida que la corrupción híbrida se extendía por las

hijas de los hombres, El linaje puro de Adam desaparecía lentamente.

Si Yahuah no hubiera intervenido, El linaje del pacto habría sido extinguido — y con ello la posibilidad de redención para todas las generaciones futuras.

Pero en Su misericordia, Yahuah levantó a Noach como el último descendiente no corrompido de Adam, el portador del aliento original de Rúach, el vaso por medio del cual la humanidad sobreviviría y el único hombre cuya justicia se mantenía en contraste con un mundo entero colapsando en violencia.

2. — "Perfecto en Sus Generaciones" — Bereshit 6:9

"Noach era un hombre justo, perfecto en sus generaciones."

"tâmîym dôr" significa que su linaje no estaba corrompido, su ascendencia estaba sin mancha y su línea de sangre no había sido tocada por la contaminación genética angelical.

Noach era el último resguardo de la creación que Yahuah había hecho originalmente — la última conexión viva con el aliento y la identidad de Adam.

4.3 – LEVANTADO POR YAHUAH DESDE EL NACIMIENTO

Según Jubileos, Noach habló con Yahuah desde el momento de su nacimiento, fue visitado e instruido por los Ángeles de la Presencia, aprendió las leyes celestiales escritas en las tablas del Cielo, y creció en sabiduría y santidad delante de Yahuah.

1. — El Contraste Entre Dos Líneas

Mientras la segunda humanidad crecía poderosa en violencia, Noach crecía poderoso en justicia.

Mientras los tiranos híbridos esparcían terror, Noach esparcía obediencia.

Mientras los Nefelinos oscurecían la tierra, Noach cargaba la última lámpara de la verdad divina.

Él encarnaba la realidad de que incluso cuando el mundo desciende en corrupción, Yahuah sostiene una línea justa.

4.4 – NOACH: UNA SEÑAL DE MISERICORDIA ANTES DEL JUICIO

El nacimiento de Noach no solo fue milagroso — fue profético.

En medio de corrupción genética, ruina espiritual, tiranía híbrida, la contaminación de la creación y el colapso de la Pureza humana, Yahuah reveló Su misericordia.

1. — Noach Es el Puente de la Salvación

Noach conecta la primera creación con la tierra renovada, la humanidad pura con la humanidad sobreviviente, el linaje de Adam con El linaje del pacto, y el mundo antes del Diluvio con el mundo después.

Noach es la prueba de que el plan de salvación de Yahuah no depende de la fidelidad humana — sino de la misericordia, la previsión y las promesas inquebrantables de Yahuah.

4.5 – CUANDO LA OSCURIDAD AUMENTA, LA MISERICORDIA AUMENTA AUN MÁS

Mientras la raza híbrida se expandía, mientras la violencia sobrecogía la tierra, mientras los Nefelinos devoraban la creación y mientras la humanidad se hundía en la ruina — Yahuah no abandonó el mundo.

Él levantó a un hombre desde el vientre, lo preparó desde la infancia, lo preservó en Pureza y lo designó para la salvación de la semilla escogida.

1. — El Corazón de la Narrativa de la Redención

Incluso cuando la humanidad destruye lo que Yahuah creó, Yahuah crea un nuevo camino hacia adelante.

El nacimiento de Noach no es simplemente historia — es una declaración: la misericordia de Yahuah se levanta antes de Su juicio.

El plan de salvación comienza antes de que caigan las aguas del Diluvio.

Ninguna oscuridad es lo suficientemente fuerte para extinguir la semilla que Yahuah elige preservar.

4.6 – PENSAMIENTO DE RESUMEN

El surgimiento de la segunda humanidad trajo corrupción, violencia y casi la extinción del linaje de Adam.

Pero el nacimiento de Noach prueba que la misericordia de Yahuah es más fuerte que la corrupción de los Vigilantes.

Noach es El linaje preservado, la última semilla pura, el puente de la redención, el testimonio de que la salvación está arraigada en la misericordia de Yahuah y la garantía de que Su plan no puede ser destruido por la rebelión.

Incluso en el momento más oscuro de la historia humana, el plan de salvación ya estaba vivo — dentro del vientre de un niño llamado Noach.

Capítulo 5

El Plan Redentor De Dos Partes De Yahuah

Por Qué el Diluvio Fue Salvación — No Destrucción

5.1 – ENTENDIENDO EL DILUVIO A TRAVÉS DEL LENTE DE LA REDENCIÓN

Cuando la segunda humanidad — la descendencia híbrida de los Vigilantes — se esparció por la tierra, Yahuah no respondió con ira impulsiva ni con destrucción arbitraria. La Escritura y los escritos antiguos revelan la verdad opuesta: el Diluvio fue misericordia, no aniquilación; una misión de rescate, no una venganza; la preservación del futuro de la salvación, no el fin de la creación.

Para salvar a la humanidad, Yahuah ejecutó un plan redentor de dos partes:

Preservar el linaje del pacto.

Purgar la corrupción que amenazaba con borrarlo.

PARTE 1 — PRESERVAR LA SEMILLA PURA

5.2 – SALVACIÓN PREPARADA ANTES DEL JUICIO

Antes de que el juicio cayera, Yahuah ya había asegurado un camino para la salvación. Él preservó cada elemento esencial necesario para la continuación de la creación no corrompida.

Noach era tâmîym dôr, perfecto en sus generaciones.

La esposa de Noach era igualmente pura en linaje.

Shem, Ham y Yapheth llevaban semilla humana no corrompida.

Sus esposas fueron preservadas de la contaminación híbrida.

Siete parejas de todos los animales puros y una pareja de cada animal inmundo fueron preparados.

El pacto desde Adam hasta Seth, hasta Enosh, hasta Enoc, hasta Noach fue preservado.

Las leyes y el conocimiento celestiales fueron protegidos por medio de Noach.

Todo el fundamento de la humanidad y de la creación fue asegurado.

Esto no fue algo aleatorio. Fue preservación intencional por sabiduría divina.

— Por Qué Esta Preservación Era Esencial

Por medio de Noach, Yahuah resguardó la continuación de la vida, la Pureza del linaje adámico, el pacto de la creación, el linaje profético que conduce al Mesías, la posibilidad de salvación humana y la integridad de la herencia espiritual.

Si Noach perecía, la redención no podría entrar al mundo. El Mesías no podría nacer. La humanidad no podría ser salvada.

PARTE 2 — PURGAR LA SEMILLA CORROMPIDA

5.3 – POR QUÉ EL DILUVIO ERA NECESARIO PARA SALVAR LA CREACIÓN

El mundo antes del Diluvio no era meramente pecaminoso. Se había vuelto biológico, genético, espiritual y moralmente corrompido por entidades híbridas que nunca fueron destinadas a existir.

Aquí está el panorama completo.

5.4 — La Tierra Estaba Llena de Violencia (Bereshit 6:11)

Los híbridos — los Nefelinos y sus sub razas — no solo cometían pecado. Destruían el orden creado.

Enoc describe su violencia: "Y comenzaron a pecar contra las aves, las bestias, los reptiles y los peces..."

Los registros antiguos muestran que Nefelino mataba a Nephiyl, Nephiyl mataba a Eliyo, Eliyo mataba a los humanos del segundo grupo, y los humanos corrompidos del segundo grupo se masacraban entre sí.

Esto no era maldad humana. Era la creación colapsando.

Los híbridos eran gigantes, caníbales, depredadores de animales y humanos, mentalmente inestables, espiritualmente muertos y obsesionados con la dominación y el derramamiento de sangre. Eran fuerzas literales de destrucción.

5.5 – DEVORABAN LOS RECURSOS DE LA TIERRA (ENOC 7:4-6; JUBILEOS 7:22)

Los gigantes consumían todo el trabajo humano, despojaban la tierra de alimento, comían animales vivos, bebían sangre y eventualmente comenzaron a comer humanos. "Y comenzaron a devorar a la humanidad... y a beber la sangre..."

Cuando la comida se acabó, se devoraron unos a otros.

La creación se estaba volviendo insostenible.

Si Yahuah no hubiera intervenido, la humanidad habría desaparecido, los animales se habrían extinguido, la tierra habría colapsado y el ADN híbrido habría dominado toda forma de vida.

Esto no era decadencia moral — era una corrupción total de toda carne.

5.6 – LOS VIGILANTES CORROMPIERON TODA LA CREACIÓN (JUBILEOS 5; ENOC 8)

Los Vigilantes caídos trajeron conocimiento prohibido. Introdujeron armas y metalurgia, encantamientos y brujería, mezcla genética, corte de raíces y alquimia, estrategias de guerra, conocimiento oculto, ciencias prohibidas y mezclas de especies.

Enoc registra que Azazel enseñó a los hombres a hacer espadas y brazaletes, el embellecimiento de los párpados y todo tipo de piedra preciosa y tintura.

Jubileos añade que los Vigilantes pecaron contra las bestias y las aves, indicando manipulación genética.

La humanidad alteró plantas, animales, metales, medicinas e incluso el cuerpo humano.

La creación tal como Yahuah la diseñó estaba siendo reescrita.

Si Yahuah se demoraba siquiera una generación, no quedaría nada que salvar.

5.7 – LA SEGUNDA HUMANIDAD NO PODÍA SER REDIMIDA

Porque los híbridos no tenían Rúach, ni identidad de pacto, ni aliento eterno, ni capacidad de arrepentimiento, ni conocimiento espiritual, nacieron espiritualmente muertos.

No fueron castigados — fueron removidos, como un tumor que habría matado a todo el cuerpo.

El Diluvio no fue destrucción. Fue cirugía.

5.8 – EL DILUVIO SALVÓ AL MUNDO DE LA RUINA ETERNA

Si los híbridos hubieran sobrevivido, ningún Mesías podría nacer, ningún pacto podría mantenerse, ninguna alma humana podría existir, ninguna salvación podría ser ofrecida, El linaje de Adam sería borrado y la imagen de Yahuah desaparecería de la tierra.

El Diluvio restauró la posibilidad de redención. Restableció lo Puro. Detuvo la corrupción biológica. Quitó la amenaza contra la salvación.

Sin el Diluvio, la luz habría sido extinguida, la verdad desaparecería, el linaje del pacto se disolvería y la humanidad dejaría de existir.

Por lo tanto, el Diluvio fue un acto de misericordia, restauración, preservación y salvación.

5.9 – EL PLAN REDENTOR DE DOS PARTES

El plan de Yahuah aseguró que la semilla del pacto sobreviviera por medio de Noach y su familia, y que la semilla corrompida fuera removida para que la creación pudiera ser restaurada.

La Ecuación Fundacional Detrás del Diluvio

Ángeles Vigilantes + mujeres humanas = hijos sin el Rúach de Elohiym.

Los ángeles, los Vigilantes, se unieron con mujeres humanas y produjeron hijos sin el Rúach de Elohiym.

Esto ocurrió porque los ángeles no poseen el gen de la procreación, los ángeles nunca fueron creados para transmitir vida, los ángeles no pueden pasar el Rúach y solo el hombre fue creado con la capacidad de procrear hijos que carguen el aliento divino.

Solo el linaje de Adam puede producir seres con el Rúach de Elohiym, identidad de pacto, capacidad espiritual y la habilidad de conocer a Yahuah.

La descendencia híbrida tenía vida biológica, pero no Rúach, porque nunca fueron parte del diseño de Yahuah para la reproducción humana.

Esta ecuación explica toda la necesidad del Diluvio.

Solo El linaje que porta el Rúach podía llevar el plan de salvación.

El Punto de Giro de la Historia Humana

El Diluvio no fue meramente juicio — fue el reinicio que permitió que la redención continuara.

Aunque El linaje corrompido intentó sobrevivir construyendo sus propias embarcaciones, solo un barco sobrevivió.

A partir de este momento, la historia de la redención avanza con claridad renovada.

La semilla pura fue preservada.

La semilla corrompida fue removida.

La salvación fue protegida.

El pacto fue asegurado.

El camino hacia el Mesías permaneció vivo.

Capítulo 6

Después Del Diluvio: Los Gigantes Se Levantan De Nuevo

La Supervivencia, Expansión e Identificación de los Nefelinos del Postdiluviano

6.1 – UN REMANENTE SOBREVIVE: LA SEGUNDA HUMANIDAD DESPUÉS DEL DILUVIO

La Escritura es clara: aunque Yahuah purgó la tierra por medio del Diluvio, un remanente del linaje híbrido sobrevivió — no a través del Arca de Noach, sino por medio de una embarcación separada construida por el propio linaje caído. Esto explica la presencia de gigantes después del Diluvio en los días de Mosheh, Yahusha, Dawid y los Profetas. Para entender el camino de la redención en adelante, debemos rastrear cómo sobrevivieron, dónde desembarcaron, a dónde migraron y cómo aparecen en la Escritura.

6.2 – LA EMBARCACIÓN DE LOS NEFELINOS SOBREVIVE AL DILUVIO

Fuentes antiguas — incluyendo Enoc, Jubileos y registros extrabíblicos como el Libro de los Nefelinos (tradiciones de Enki) — confirman que la raza híbrida, sabiendo que el juicio venía, construyó múltiples embarcaciones. Todas fueron destruidas excepto una.

Lo que esto preservó fue ADN híbrido, el linaje corrompido, la herencia espiritual rebelde y la continuación de la segunda humanidad.

Esto responde a un misterio bíblico: ¿Por qué los gigantes reaparecen después del Diluvio? Porque un remanente sobrevivió fuera del Arca de Noach.

6.3 – DÓNDE DESEMBARCARON LOS NEFELINOS: ARRAT / ARARAT

— El Arca de Noach Desembarcó en el Monte Lubar, Montañas de Ararat

Jubileos 5:28–29 declara claramente que "el arca reposó sobre los montes de Lubar". Lubar se refiere a las tierras altas de Armenia (antiguo Urartu), no a la Turquía moderna. Esta región fue llamada por mucho tiempo La Tierra de Noach.

— La Nave de los Nefelinos Desembarcó en Otro Lugar

La embarcación híbrida aterrizó en Arrat, más tarde llamada Ararat, una cordillera diferente en la antigua Turquía, mencionada en los registros mesopotámicos.

Así, el Arca de Noach reposó en Lubar en Armenia, mientras que la nave de los Nefelinos desembarcó en Arrat en Turquía.

Desde Arrat, los sobrevivientes híbridos viajaron hacia el sur.

6.4 – LOS NEFELINOS DESCIENDEN A SHINAR / SENAAR / BABEL – CONFIRMACIÓN EN LA ESCRITURA

Bereshit 11:2 declara: "Y aconteció que al viajar ellos desde el oriente, hallaron una llanura en la tierra de Shinar y se establecieron allí."

Jubileos 10 llama a la región Senaar.

El acadio antiguo la llama Šinar o Šanar.

Esta región se convirtió en la primera sede de la raza híbrida después del Diluvio, el lugar de nacimiento de Babel, la tierra natal de Nimrod y la plataforma de lanzamiento de la rebelión postdiluviana contra el Cielo.

Su ruta fue Arrat → Shinar → Babel, exactamente como dice la Escritura.

6.5 — Babel: El Primer Reino Híbrido del Postdiluviano

La raza híbrida remanente estableció su primer reino en Senaar/Babel, donde construyeron ciudades fortificadas, levantaron templos y zigurats, recrearon el conocimiento prohibido de antes del Diluvio, se unieron bajo liderazgo rebelde y buscaron acceso a los cielos.

Su intención no era una simple ambición arquitectónica: "Edifiquémonos una ciudad y una torre... cuya cúspide llegue hasta los cielos" (Bereshit 11:4).

Esta fue la continuación de la rebelión de los Vigilantes, intentando reentrar en el ámbito celestial por la fuerza.

6.6 — La Respuesta de Yahuah en Babel: Salvación, No Destrucción

Yahuah no destruyó a los constructores de Babel. Él salvó a la humanidad de ellos.

Intervino confundiendo sus lenguas, dispersándolos sobre la faz de la tierra, quebrando su unidad y desmantelando su reino.

Esto fue misericordia, no ira.

Jubileos 10 registra que, si permanecían unidos, habrían corrompido de nuevo al mundo entero, esclavizado a todas las naciones, extinguido el linaje humano puro e intentado otra rebelión celestial.

La confusión de lenguas fue salvación para la humanidad, impidiendo una segunda corrupción global de toda carne.

6.7 – LAS NACIONES DE CHAM Y EL ASCENSO DEL DOMINIO HÍBRIDO DEL POSTDILUVIANO

Cómo Nimrod, los Descendientes de Cham y las Tribus Híbridas Recrearon la Corrupción del Primer Mundo.

Las Escrituras y los registros antiguos revelan una continuidad aterradora: la misma corrupción que destruyó el Primer Mundo comenzó a levantarse de nuevo después del Diluvio a través del linaje de Cham y especialmente a través de Nimrod.

Esta sección expone las raíces genealógicas, el ascenso geopolítico, la rebelión espiritual, el resurgimiento híbrido y la amenaza de pacto que moldeó todo el paisaje bíblico de la Segunda Humanidad.

Todo converge en una verdad: los gigantes del postdiluviano no surgieron al azar — emergieron a través de la misma corrupción espiritual reavivada por Nimrod.

— EL LINAJE DE CHAM: LA PRIMERA APERTURA POSTDILUVIANO A LA INFLUENCIA NEFELINA

La Escritura es explícita: "Y los hijos de Châm: Kûsh, y Mitsrayim, y Pûṭ, y Kena'an" (Berēshīṯh 10:6).

Los cuatro hijos de Cham se convierten en los fundadores de las naciones más espiritualmente hostiles alrededor de Yasharal.

Kush se convirtió en Etiopía y Nubia.

Mitsrayim se convirtió en Egipto.

Put se convirtió en Libia.

Canaán se convirtió en todas las naciones cananeas.

Estas naciones son descritas repetidamente como practicantes de brujería, idolatría, sacrificio de niños, hibridación y corrupción al estilo Nefelino.

Esto no es accidental. El resurgimiento del sistema Nefelino comienza aquí — en el linaje de Cham.

– NIMROD NO ERA UN NEFELINO, PERO ABRIÓ LA PUERTA

Nimrod revela el patrón del postdiluviano. Nació humano, pero se volvió parecido a un Nefelino.

Revivió la corrupción del primer mundo. Originó Babel y Asiria. Su sistema produjo guerreros híbridos filisteos.

Así, El linaje de Cham se convierte en el primer ambiente postdiluviano para el resurgimiento híbrido, y Nimrod se vuelve el punto de acceso humano para la reentrada demoníaca.

— IDENTIFICANDO LOS LINAJES HÍBRIDOS DEL POSTDILUVIANO

Ahora esto transiciona naturalmente al catálogo de todas las tribus híbridas — y con el fundamento de Nimrod ya establecido, el flujo se vuelve perfecto y cronológico.

— NEPHIYL (נְפִיל) — "LOS CAÍDOS"

(Raíz Original de Todas las Tribus Híbridas)

Escritura: Bereshit 6:4; Bamidbar 13:33.

Los Nefelinos son los hijos de los Vigilantes (ángeles caídos) y mujeres humanas.

Su nombre significa "caídos", nacidos de los que cayeron.

Son los gigantes híbridos originales de la Primera Humanidad y la fuente de todos los clanes híbridos posteriores.

— REPHA'IM (רְפָאִים) — LA POLÍTICA HÍBRIDA DOMINANTE POST-DILUVIO

Escritura: Debariym 3; Yahusha; Shemu'el; Melakim.

Historia: "rpum" ugarítico, espíritus guerreros.

Los Rephaim se convierten en la confederación gigante central, incluyendo a Og de Bashan, el Valle de Rephaim y numerosos clanes guerreros.

Son las naciones híbridas principales encontradas por Yasharal.

— ANAKIM (מיקנע) — "LOS DE CUELLO LARGO, LOS ALTOS"

Escritura: Bamidbar 13; Debariym 1; Yahusha 11.

Los Anakim son descendientes de Anak, conocidos por su altura enorme, fuerza inmensa e intimidación.

Su conexión con los Anunnaki se refleja lingüísticamente: ANAQ → ANAK → ANAKIM → ANAQIY → ANUNNAKI.

Todos pertenecen al mismo linaje, que las culturas paganas más tarde deificaron.

— EMIM — "LOS TERRIBLES"

Escritura: Debariym 2:10–11.

Un pueblo gigante en Moab, identificado como Rephaim.

— ZAMZUMMIM — TRIBU DE GIGANTES BÉLICOS

Escritura: Debariym 2:20.

Temidos y poderosos. También contados entre los Rephaim.

— ZUZIM — GIGANTES TEMPRANOS DEL POSTDILUVIANO

Escritura: Bereshit 14:5.

Una rama de guerreros híbridos encontrados en la guerra de los reyes.

— OG DE BASHAN — ÚLTIMO GRAN REY DE LOS REPHA'IM

Escritura: Debariym 3:11.

Su cama de hierro de 13 pies testifica su tamaño. Su tierra, Bashan, es el territorio híbrido central.

— GOLYATH (GOLIAT) DE GAT

Escritura: 1 Shemu'el 17; 2 Shemu'el 21.

No es una excepción extraña — forma parte del linaje híbrido filisteo.

— LOS "HIJOS DEL GIGANTE" — REMANENTES HÍBRIDOS FINALES

Escritura: 2 Shemu'el 21.

Incluye a Ishbi-benob, Saf, Lahmi y el guerrero de seis dedos.

Estos representan la última oposición híbrida concentrada.

— UN SOLO LINAJE, UNA SOLA CORRUPCIÓN, UNA SOLA AMENAZA

Todas estas tribus — Nefelino, Rephaim, Anakim, Emim, Zamzummim, Zuzim, Og, Goliat y más — son ramas del mismo linaje híbrido del postdiluviano.

Nombres diferentes.

Ubicaciones diferentes.

Mitos diferentes.

Un solo origen.

Una sola rebelión.

Un solo propósito: oponerse al plan de salvación.

Por esto Yahuah esparció Babel, por esto Yahuah empoderó a Yasharal, por esto Yahuah eliminó fortalezas híbridas, por esto Yahuah preservó el linaje del pacto y por esto Yahusha vino por El linaje adámico puro.

La historia de la redención avanza porque Yahuah protegió al mundo de la segunda raza corrompida.

6.8 – POR QUÉ ESTO IMPORTA PARA EL PLAN DE SALVACIÓN

El plan de salvación de Yahuah siempre está orientado a preservar Su creación de la corrupción.

Los gigantes eran una amenaza para el pacto, para el linaje de Adam, para el alma humana, para la llegada del Mesías, para la adoración pura y para el conocimiento de Yahuah.

Esto explica por qué Babel tuvo que ser dispersada, por qué tribus específicas fueron mandadas a ser removidas, por qué lo Puro de Noach importó, por qué Yasharal fue escogida como nación de pacto y por qué Yahusha vino a través de un linaje preservado.

Cada paso es estratégico.

Cada acción es redentora.

Cada intervención protege la promesa mesiánica.

6.9 – RESUMEN FINAL DE LA SECCIÓN 5

Los Nefelinos sobrevivieron al Diluvio por medio de su propia embarcación, no por el Arca de Noach.

Desembarcaron en Arrat y migraron a Shinar/Babel.

Construyeron el primer reino híbrido del postdiluviano.

Yahuah los esparció para detener una segunda corrupción de toda carne.

La Escritura los identifica claramente: Nephiyl, Repha'im, Anakim, Emim, Zuzim, Zamzummim, Og, Goliat y más.

Su presencia explica las naciones violentas que Yasharal encontró.

Y a través de todo esto, Yahuah preservó la semilla pura — la única línea por la cual Yahusha vendría.

La supervivencia de los gigantes no es una historia secundaria. Es un campo de batalla de la redención.

Capítulo 7

La Escritura Sigue El Linaje Pura, No La Híbrida

El Principio Narrativo Originado por Yahuah

7.1 – LA CLAVE FUNDAMENTAL PARA INTERPRETAR LA BIBLIA

Una de las mayores claves para entender la Escritura es esta verdad inconmovible: la Biblia no es el registro de toda la humanidad. Es el registro de la humanidad redimida. Sigue el linaje por el cual fluye el plan de salvación — El linaje escogido, protegido, purificado y guiado para dar a luz al Mashiyach.

Esta estructura narrativa no es invención de rabinos, teólogos o historiadores. Es un principio de narración que se origina en el mismo Yahuah.

Como toda gran historia, hay un protagonista, un arco heroico central, una jornada redentora, personajes esenciales para la victoria y un linaje que lleva el destino hacia adelante. Las Escrituras siguen este patrón intencionalmente. Yahuah revela solo lo que es relevante para El linaje del pacto, no todo lo que existió.

Este principio se vuelve inconfundible cuando examinamos tres ejemplos claros.

7.2 – EJEMPLO 1: LOS HIJOS DE ADAM Y LA GENEALOGÍA SELECTIVA – LA ESCRITURA DESTACA A SETH, NO A CADA HIJO

Muchos asumen que Adam y Chawwáh tuvieron solo tres hijos —

Qayin, Hebel y Sheth — porque solo estos tres son enfatizados. Pero esto no es una limitación de la historia; es una limitación de lo que es necesario para El linaje del pacto.

La Escritura insinúa una población mucho mayor. ¿De dónde vino la esposa de Qayin? ¿De dónde vino la esposa de Sheth? ¿Cómo pudieron formarse ciudades tan temprano?

Jubileos llena los detalles históricos. Adam y Chawwáh tuvieron muchos hijos e hijas (Jub. 4:10). Qayin se casó con su hermana Âwân (Jub. 4:9). Sheth se casó con su hermana Azûrâ (Jub. 4:11). Adam y Chawwáh tuvieron nueve hijos adicionales además de los tres nombrados (Jub. 4:10).

Así, la Escritura se enfoca en El linaje de Seth porque es El linaje de redención — El linaje que conduce al Mashiyach. El resto existió, pero no tuvo parte en la historia del pacto.

7.3 – EJEMPLO 2: LOS HIJOS DE MIRYAM Y YOSEPH Y EL ENFOQUE MESIÁNICO – LA ESCRITURA SE ENFOCA EN YAHUSHA, NO EN CADA HERMANO

Los escritos del Pacto Renovado siguen el mismo principio divino. Los Evangelios no enumeran todos los hijos de Miryam y Yoseph — no porque no existieran, sino porque no son centrales para la misión mesiánica.

Sin embargo, la Escritura confirma claramente que Yahusha tuvo hermanos. "Sus hermanos: Yaăqôb, Yôsêph, Shimôn, Yahûdâh" (Mat. 13:55). "Sus hermanas, ¿no están todas con nosotros?" (Mat. 13:56). Su madre y sus hermanos lo buscaron (Lucas 8:19). Sha'ul menciona a "Yaăqôb, el hermano de Âdônây" (Gál. 1:19). Sus hermanos están registrados entre los discípulos (Hech. 1:14).

La Biblia es consistente: destaca solo lo que es esencial para la misión divina. El énfasis no está en el hogar de Miryam, sino en el llamado de Yahusha.

7.4 – EJEMPLO 3: LA ESPOSA DE PEDRO Y EL ENFOQUE APOSTÓLICO SELECTIVO – PEDRO TENÍA ESPOSA – LA ESCRITURA SIMPLEMENTE NO LA NOMBRA

Kêph tenía esposa porque Yahusha sanó a la suegra de Pedro (Mat. 8:14–15), y Sha'ul afirma que Pedro viajaba con su esposa (1 Cor. 9:5).

¿Por qué nunca se menciona su nombre? No porque no existiera, sino porque su nombre no aporta nada a la historia del pacto.

De nuevo: lo que la Escritura no nombra no es inexistente — simplemente no es necesario para la redención.

7.5 – LAS ESCRITURAS SIGUEN UNA SOLA LÍNEA: EL LINAJE DE LA REDENCIÓN

Este es el río genealógico que la Escritura sigue: Sheth, Enosh, Kenan, Mahalalel, Yared, Enoch, Methuselah, Lamech, Noach, Shem, Eber, Abraham, Yitschaq, Ya'aqov, Yahudah, Dawid, Yahusha ha'Mashiach.

Este es un solo río ininterrumpido — el río de la redención.

La Escritura sigue el río, no el barro a su alrededor. Todas las demás líneas, aunque reales, son irrelevantes para el propósito del pacto.

7.6 – POR QUÉ LA ESCRITURA NO SIGUE LAS LÍNEAS HÍBRIDAS

Los descendientes de los Nefelinos, los Repha'im, los Emim, los Anakim, los Zamzummim, los Zuzim y todas las tribus híbridas existieron, prosperaron e influenciaron la historia.

Pero no portaban el Rúach, no llevaban el aliento de Adam, no tenían capacidad para redención, no formaban parte del pacto y no formaban parte de la promesa.

Existieron en paralelo al linaje del pacto, pero no dentro de él.

Por eso la Biblia solo los menciona cuando chocan con la redención, como los gigantes en la tierra de Kana'an, Og de Bashan, Anakim en Hebrón, Emim en Moab, Zamzummim en Ammón y Golyath de Gat.

Ellos son los antagonistas, no los protagonistas.

La Biblia no es antropología. Es un documento de pacto.

7.7 – EL ENFOQUE DE LA ESCRITURA REVELA EL CORAZÓN DE YAHUAH

Yahuah destaca a Chanok, que caminó con Elohiym; a Noach, que fue perfecto en sus generaciones; a Abraham, el amigo de Elohiym; a Yitschaq, el hijo de la promesa; a Ya'aqob, el vaso escogido; a Yahudah, El linaje real; a Dawid, el hombre conforme al corazón de Yahuah; y a Yahusha, el Redentor de la creación.

Él no se enfoca en el reino de Nimrod, en los imperios de los Anakim, en los Emim en Moab, en las fortalezas de los Repha'im o en las dinastías híbridas filisteas.

Esto se debe a que Yahuah revela lo que impulsa la salvación, no todo lo que sucedió en la historia del mundo.

7.8 — Yahuah Es el Autor Original de la Narrativa Enfocada en el Protagonista

Toda historia humana — película, épica, novela o mito — sigue el plano divino: una línea escogida, un linaje heroico, una misión de redención, un conflicto con las tinieblas, una victoria final.

La narración humana imita el patrón que Yahuah diseñó. La Escritura es la estructura narrativa original.

Yahuah selecciona a los personajes, dirige la trama, elimina las ramas irrelevantes, preserva al protagonista y trae al Redentor por medio del linaje escogido.

Todas las demás historias hacen eco de la que Yahuah escribió.

7.9 – VERDAD FINAL

La Biblia es la historia de la redención, no la historia de cada línea de sangre.

Sigue El linaje de la salvación, los portadores del pacto, los herederos de la promesa y la semilla pura que conduce a Yahusha.

Los híbridos existieron, pero nunca fueron el enfoque porque nunca fueron los portadores de la redención.

La Palabra de Yahuah sigue el único linaje por medio del cual Él traería a Yahusha ha'Mashiach, la Luz del Mundo, la Semilla de la Mujer, Aquel que aplasta la cabeza del nachash.

Por eso la Escritura sigue El linaje puro — porque El linaje puro lleva el plan de salvación para toda la creación.

Capítulo 8

El Error De Qeynan (Kenan)

El Hombre Que Reabrió La Puerta De La Corrupción
El Padre del Ocultismo del Postdiluviano

8.1 – CUANDO LA TIERRA VOLVIÓ A ESTAR LIMPIA

Después del Diluvio, las aguas retrocedieron y el arca reposó. Yahuah renovó Su pacto con Noach y sus hijos: "Y he aquí, Yo establezco Mi pacto con ustedes, y con su descendencia después de ustedes." — Bereshit (Génesis) 9:9.

Por un breve momento reinó lo Puro, la violencia había cesado y el Rúach de Yahuah todavía reposaba sobre los descendientes de Noach.

Pero el patrón de la historia humana pronto regresó: Yahuah edifica, el hombre pone en peligro, Yahuah redime.

En este mundo renovado aparece una de las figuras más peligrosas de la era temprana del postdiluviano: Qeynan (Kenan), un descendiente de Cham, un hombre de curiosidad implacable, un hombre cuya curiosidad reabriría una puerta que Yahuah había cerrado.

8.2 – QEYNAN DESCUBRE LAS INSCRIPCIONES DE LOS NEFELINOS

El Libro de Yôbêl (Jubileos) preserva un detalle crucial que Bereshit solo insinúa. Yôbêl 8:2–3 nos dice que Qeynan "halló un escrito que las generaciones anteriores habían grabado en la roca... y leyó lo que estaba escrito allí, y lo transcribió... y pecó por causa de ello, porque contenía la enseñanza de los Vigilantes..."

Aquellas inscripciones antiguas contenían símbolos ocultistas, presagios astrológicos, fórmulas de hechicería y "las señales de los cielos" enseñadas por los Vigilantes.

Estas eran las mismas enseñanzas que habían corrompido el primer mundo (1 Enoc 7–8).

El Diluvio debía haber enterrado este conocimiento para siempre, pero Qeynan lo encontró.

8.3 – QEYNAN COPIA EL CONOCIMIENTO PROHIBIDO

En lugar de destruir las piedras, las preservó, las transcribió, las convirtió en nuevas tablillas.

Yôbêl 8:3 enfatiza que su pecado consistió en "transcribir" la enseñanza de los Vigilantes.

Al copiar esos escritos, Qeynan resucitó la ciencia ocultista del anti diluvio, reactivó la astronomía y astrología prohibidas y reintrodujo los protocolos espirituales de los Nefelinos.

Se convirtió en el primer escriba de tinieblas del postdiluviano.

8.4 – QEYNAN ENSEÑA LO QUE COPIÓ

Lo que se preserva en secreto eventualmente se enseñará en público.

A partir de ese momento, Qeynan actuó como maestro de artes ocultas, guardián del conocimiento prohibido, transmisor de la sabiduría de los Vigilantes y primer maestro de hechicería del postdiluviano.

Por medio de él, las prácticas que habían contaminado la primera era ahora infiltraron la segunda.

La brujería regresó, el corte de raíces regresó, la magia de sangre regresó, la adivinación astral regresó, la manipulación de espíritus regresó.

Él no era Nefelino por sangre, pero caminó en la senda de los Nefelinos por doctrina.

8.5 – QEYNAN REABRE UNA PUERTA QUE YAHUAH HABÍA CERRADO

El Diluvio había sellado el portal de la corrupción. Yahuah dijo: "El fin de toda carne ha venido delante de Mí; porque la tierra está llena de violencia a causa de ellos." — Bereshit 6:13.

Las acciones de Qeynan reabrieron el mismo canal de corrupción que Yahuah había juzgado.

Por medio de él, el mundo nuevamente comenzó a moverse hacia la rebelión espiritual, la adoración falsa, el pensamiento al estilo híbrido y el deseo de ser "como los poderosos" (gibborim).

8.6 – DEL OCULTISMO DE QEYNAN A LA TORRE DE BABEL

El pecado de Qeynan forma el puente teológico entre la generación purificada del postdiluviano y la rebelión de Babel (Bereshit 11).

Una vez que el conocimiento oculto entra en una sociedad, inevitablemente produce unidad en maldad, espiritualidad falsa, autoexaltación arrogante y rebelión contra el verdadero Elohiym.

De este suelo se levantará Nimrod, el poderoso cazador delante de Yahuah (Bereshit 10:8–10); Babel, el primer imperio de rebelión del postdiluviano (Bereshit 11:1–4); y la Torre, un intento humano de alcanzar los cielos por medios prohibidos.

Qeynan es la primera ficha de dominó. Babel es la torre visible al final de esa línea.

8.7 – LA IMPORTANCIA TEOLÓGICA DE QEYNAN EN EL PLAN DE SALVACIÓN

El pecado entra por la desobediencia. La corrupción entra por el conocimiento prohibido.

Adam y Chawwáh desobedecieron un mandamiento directo (Bereshit 3).

Los Vigilantes corrompieron la creación con revelación que nunca fue destinada al hombre (1 Enoc 7–8).

Qeynan resucitó ese mismo conocimiento prohibido después del Diluvio (Yôbêl 8).

Sin embargo, incluso aquí, la misericordia de Yahuah brilla.

Mientras Qeynan está copiando las enseñanzas de los Vigilantes, Yahuah ya está preparando otra línea: de Shem a Eber hasta Abram (Abraham).

Esto ya es lenguaje de pacto.

Más tarde, Yahuah llama a Abram: "Vete de tu tierra... a la tierra que Yo te mostraré... y en ti serán benditas todas las familias de la tierra." — Bereshit 12:1–3.

Así tenemos un contraste.

Qeynan es el hombre que resucitó las tinieblas.

Abraham es el hombre que resucita la fe en el verdadero Elohiym.

Qeynan revivió las doctrinas de los Nefelinos, copió las tablillas de los Vigilantes, abrió el camino hacia Babel y difundió el conocimiento prohibido.

Abraham restauró la adoración de Yahuah, recibió el pacto de la promesa, abrió el camino hacia una nación escogida y difundió obediencia y fe.

Qeynan es el contra testimonio del mundo del postdiluviano,

mostrando qué tan rápido la humanidad puede caer de nuevo.

Abraham es la respuesta, mostrando que el plan de salvación no será detenido.

8.8 – CIERRE DE LA SECCIÓN 7

El error de Qeynan no es una nota marginal en la historia.

Es el momento en que la segunda era comienza a reflejar la primera, las enseñanzas de los Vigilantes regresan, el camino hacia Babel es pavimentado y la necesidad de una nueva línea de pacto se vuelve obvia.

Sin embargo, incluso mientras Qeynan revive las tinieblas, Yahuah ya está obrando, preservando la bendición a través de Shem, guardando El linaje de Eber, llamando a Abraham fuera de Ur, preparando el pacto y guiando la historia hacia Yahusha.

El plan de salvación nunca se detiene.

Dondequiera que la corrupción es resucitada, Yahuah levanta un nuevo estandarte de redención.

Capítulo 9

Los Nefelinos Después Del Diluvio

Babel, Shinar Y El Primer Reino De Tinieblas Del Postdiluviano
La Segunda Humanidad Intenta Reconstruir Su Imperio

9.1 – DOS EMBARCACIONES, DOS MONTAÑAS, DOS HUMANIDADES

Cuando las aguas del Diluvio retrocedieron, dos embarcaciones reposaron sobre dos montañas muy diferentes.

El Arca de Noach reposó sobre los montes de Ararat, como registra Bereshit 8:4. Este no era el cono volcánico moderno de Turquía, sino la antigua cordillera de Lubar en Armenia, como confirman Yôbêl (Jubileos) 5:28–29 y 7:1.

La segunda embarcación fue la embarcación de los Nefelinos. Los registros mesopotámicos extrabíblicos (Atra-hasis, tablillas de Enki, "Libro de los Nefelinos") describen una nave híbrida construida por el linaje corrompido, diseñada para salvar a los últimos descendientes gigantes, y que aterrizó en el Monte Arrat, en la región occidental de Ararat en la antigua Turquía.

Así, después del Diluvio, el linaje puro comenzó desde el Monte Lubar y el linaje corrompido comenzó desde el Monte Arrat. Dos montañas, dos humanidades, dos destinos.

9.2 – LOS NEFELINOS DESCIENDEN A SHINAR

"Y viajando desde el oriente, hallaron una llanura en la tierra de Shinar, y se establecieron allí."

— Bereshit 11:2

Yôbêl 10:18 llama a esta región "la tierra de Senaar", y Yôbêl 10:25 explica que "por esta razón toda la tierra de Shinâr es llamada Bâbel."

Esta migración marca el primer movimiento organizado del remanente híbrido.

Shinar fue elegido porque era fértil, irrigado por el Tigris y el Éufrates, céntrico, conectado con antiguos sitios de Vigilantes del anti diluvio e ideal para una rápida expansión imperial.

Se convirtió en la cuna de la civilización híbrida.

9.3 – EL PRIMER IMPERIO NEFELINO DEL POSTDILUVIANO: BABEL

Inmediatamente al asentarse, los clanes híbridos comenzaron a construir una capital, una fortaleza, una torre tecnológica, un gobierno centralizado y una rebelión unificada.

"Vamos, edifiquémonos una ciudad y una torre cuya cúspide llegue hasta los cielos..."

— Bereshit 11:4

Esto no fue un proyecto científico humano; fue una rebelión espiritual híbrida.

Intentaron reentrar al reino celestial, revivir el dominio antidiluviano, centralizar el poder híbrido bajo un solo lenguaje, un solo gobierno, una sola torre, una sola rebelión, y desafiar los límites de Yahuah rompiendo la separación entre la tierra y los shamayim.

Babel fue el primer imperio anti-Yahuah después del Diluvio.

9.4 – BABEL NO FUE UN PROYECTO HUMANO – FUE HÍBRIDO

Los constructores no eran principalmente los descendientes de Noach.

Eran los clanes híbridos sobrevivientes:

los hijos de los padres Nefelino,

los herederos de ADN corrompido,

los portadores del conocimiento prohibido,

y la descendencia empoderada por los espíritus de los Nefelinos (1 Enoc 15–16).

Poseían un intelecto extraordinario, secretos arquitectónicos del anti diluvio, conocimiento astronómico y las fórmulas ocultistas que Qeynan copió (Yôbêl 8:2–3).

Esto les permitió construir muros, estructuras, torres y monumentos en escalas imposibles para la humanidad temprana del postdiluviano.

9.5 – LA INTERVENCIÓN DE YAHUAH EN BABEL: MISERICORDIA, NO IRA

Si los híbridos hubieran tenido éxito en Babel, habrían esclavizado a toda la tierra, corrompido todas las líneas de sangre puras restantes, restaurado el dominio de los Vigilantes, intentado una segunda invasión celestial y eliminado la posibilidad de redención.

Por lo tanto, Yahuah intervino — no para castigar arbitrariamente, sino para preservar la salvación.

"Vamos, descendamos y confundamos allí su lenguaje..."

— Bereshit 11:7

Yahuah confundió sus lenguas, desmanteló su unidad, destruyó su alineación tecnológica, rompió su coordinación oculta, los dispersó por la tierra, detuvo un imperio híbrido global y preservó El linaje de redención a través de Shem.

Así como el Diluvio salvó a la humanidad de la corrupción genética, la confusión de lenguas la salvó de la corrupción espiritual.

9.6 – LA DISPERSIÓN DE LAS NACIONES HÍBRIDAS

Una vez divididos lingüísticamente, los clanes híbridos se dispersaron por el mundo antiguo, formando las naciones gigantes que la Escritura identifica más tarde:

Repha'im, Anakim, Emim, Zamzummim, Zuzim, Avim,

linajes gigantes amorreos,

Girgashitas,

líneas híbridas filisteas,

y remanentes Nephiyl.

Su expansión geográfica incluyó Canaán, Bashan, Mesopotamia, Anatolia, Arabia, Norte de África, el Egeo, el Levant y partes del Mediterráneo.

Esto explica por qué Yasharal los encuentra repetidamente en la conquista bajo Yahusha, en las guerras de Dawid, en los días de los Jueces y en los escritos proféticos.

Su dispersión explica la presencia de gigantes después del Diluvio.

9.7 – EL PROPÓSITO DE SALVACIÓN DETRÁS DE LA DISPERSIÓN

Cada acción que Yahuah toma fluye de un motivo de salvación.

Al dispersar a las naciones híbridas, Yahuah aseguró que nunca volverían a unirse, no reconstruirían un imperio global anti-Yahuah, permanecerían contenidos regionalmente, permitirían que Su línea de pacto a través de Shem floreciera, protegerían el nacimiento de Abraham, preservarían la promesa del Mashiyach y permitirían que la historia de la redención continuara.

La Torre de Babel no es simplemente una historia moral, un relato de juicio o un mito antiguo; es un evento crítico de salvación que preservó El linaje de Yahusha.

9.8 – LA SEGUNDA HUMANIDAD DESPUÉS DEL DILUVIO

La segunda humanidad sobrevivió mediante una embarcación híbrida, descendió del Monte Arrat, se asentó en Shinar (Senaar/Babel), construyó el primer imperio híbrido del postdiluviano, intentó reentrar a los cielos, provocó la intervención misericordiosa de Yahuah, fue dispersada entre las naciones, formó los linajes gigantes del postdiluviano y se convirtió en el principal enemigo de Yasharal.

Y a través de todo esto, Yahuah protegió Su plan de redención — desde Noach hasta Shem, hasta Eber, hasta Abraham, hasta Yahusha.

Babel fue la oscuridad que se levantó. Abraham será la luz que se levanta.

La batalla de las dos humanidades continúa, pero El linaje del pacto prevalecerá.

Capítulo 10

Las Tres Ecuaciones De La Humanidad

La Revelación Matemática Puro, Corrupción Y Redención

10.1 – UNA HUMANIDAD SE CONVIERTE EN TRES

La humanidad antes de la transgresión de los Vigilantes existía como un solo grupo unificado: los hijos de Adam y Chawwáh, portadores del Rúach de Yahuah, capaces de pacto, obediencia, justicia y redención.

Pero cuando los Vigilantes descendieron (Bereshit 6:1–4; 1 Enoc 6–7; Yôbêl 5:1–4), la creación se dividió en tres categorías espirituales, cada una definida por lo que heredaron — o no heredaron — de sus padres.

Estas tres ecuaciones gobiernan toda la Biblia:

• por qué la salvación es necesaria,

• por qué la salvación es posible,

• por qué la salvación está limitada a El linaje de Adam,

• por qué Yahusha debe venir a través de una genealogía humana pura.

No son simbólicas; son biología espiritual — ecuaciones literales de Rúach y carne.

10.2 – ECUACIÓN 1: AW + HW = N: VIGILANTES + MUJERES = NEFELINO

AW (Ángeles Vigilantes) + HW (Mujeres Humanas) = N (Nefelinos)

Vigilantes (sin Rúach) más mujeres humanas (con Rúach) produce seres sin Rúach.

Esta ecuación describe la creación de la Segunda Humanidad — los Nefelinos.

10.3 – FUNDAMENTO EN LA ESCRITURA

Bereshit 6:4 declara:

"Los Nefelinos estaban en la tierra en aquellos días... hombres poderosos... hombres de renombre."

En 1 Enoc 15:3–7, Yahuah dice:

"Ustedes eran espirituales... pero se han contaminado con la sangre de mujeres... han producido hijos de carne... nacen de la tierra y no tienen Rúach."

Yôbêl (Jubileos) 5:1 afirma:

"Los hijos de Elohiym... tomaron mujeres... y produjeron gigantes."

10.4 – ¿POR QUÉ LOS NEFELINOS NO TIENEN RÚACH?

Los ángeles son espíritus, no seres adámicos; nunca recibieron la "nishmat chayyim" — el aliento divino de vida (Bereshit 2:7).

No pueden transmitir lo que nunca recibieron.

Solo El linaje de Adam porta Rúach transmisible; el aliento de Elohiym fue dado a Adam y fluye a través de su linaje.

Los ángeles no pueden engendrar hijos portadores de Rúach.

Así, los seres híbridos heredan vida física pero no vida espiritual; están físicamente vivos, espiritualmente muertos y desconectados del pacto.

10.5 – EL TESTIMONIO DEL CIELO SOBRE ELLOS

1 Enoc y Jubileos los describen como "bastardos", "espíritus de maldad", "corrupciones de la carne" y "destructores de la tierra".

La Escritura los llama "Gigantes... hombres poderosos... hombres de renombre" (Bereshit 6:4).

El Cielo los llama abominaciones, intrusiones y corrupciones de la creación.

10.6 – RESULTADO DE LA ECUACIÓN
1 (AW + HW = N)

La Ecuación 1 crea la Segunda Humanidad — seres sin Rúach, sin pacto, sin arrepentimiento y sin redención.

Están completamente fuera del plan de salvación.

10.7 – ECUACIÓN 2: NM + PW = N: HOMBRES NEFELINO + MUJERES PURAS = NEFELINO
NM (Hombre Nefelino) + PW (Mujer Pura) = N (Nefelinos)

Un padre Nefelino no puede transmitir lo que no tiene.

Esta ecuación explica por qué las líneas híbridas continuaron después del Diluvio.

— La Ley Espiritual de la Paternidad

En la Escritura, el padre determina la identidad espiritual.

Las genealogías de Génesis dicen: "X engendró a Y" — el linaje sigue al padre.

El pacto se llama "el Elohiym de Abraham, Yitschaq y Ya'aqov" — los padres definen El linaje del pacto.

Así, si el padre tiene Rúach, el hijo tiene acceso al Rúach; si el padre no tiene Rúach, el hijo no puede recibirlo.

Yôbêl 7:21–24 confirma que los gigantes continuaron después del Diluvio mediante líneas híbridas sobrevivientes.

— La Ecuación en Acción

Un padre Nefelino sin Rúach y una madre adámica pura con Rúach producen un hijo sin Rúach.

El resultado es idéntico a la Ecuación 1: sin capacidad de pacto, sin conexión espiritual, sin redención.

— Lo Que Esto Explica

Esta ecuación explica por qué existen Repha'im, Emim, Anakim y Zamzummim después del Diluvio;

por qué Yahuah ordenó su destrucción (Debarim 2–3; Yahusha 11–12);

por qué no podían ser asimilados ni redimidos;

y por qué Yasharal luchó con gigantes tan frecuentemente.

— El Principio Permanece

Los Nefelinos reproducen Nefelino — "según su especie" (Bereshit 1).

La corrupción engendra corrupción.

La muerte engendra muerte.

ECUACIÓN 3: PM + NW = MH: HOMBRES PUROS + MUJERES NEFELINO = HUMANIDAD MIXTA

PM (Hombre Puro) + NW (Mujer Nefelina) = MH (Humanidad Mixta):

Un padre puro transmite el Rúach;

una madre Nefelino transmite corrupción.

Esta es la ecuación más compleja.

Explica casi toda la civilización humana después de Génesis 10.

— El Lado del Padre: Transmisión del Rúach

Cuando el padre es del linaje de Shem, Eber, Abraham u otros portadores adámicos del Rúach, el hijo recibe aliento divino, capacidad espiritual, potencial de pacto y la habilidad de buscar a Elohiym.

— El Lado de la Madre: Transmisión de Corrupción

Cuando la madre desciende de líneas Nefelinas y porta ADN híbrido y corrupción espiritual, el hijo hereda inclinaciones hacia la rebelión, naturaleza dual, guerra interna y tendencias hacia el ocultismo y la idolatría.

— El Resultado: Una Tercera Humanidad Mixta

Este hijo es mitad adámico y mitad híbrido, espiritualmente vivo por el Rúach del padre pero genéticamente y moralmente conflictuado por la corrupción de la madre.

Se convierten en fundadores de sistemas idólatras, constructores de Babel y de imperios posteriores, inventores de religiones paganas y arquitectos de reinos que luchan contra Yasharal.

Este tercer grupo llena las páginas de la Escritura como las naciones.

10.9 – EL PESO TEOLÓGICO DE LAS TRES ECUACIONES

Juntas, las tres ecuaciones explican por qué la redención es necesaria, por qué está limitada a El linaje de Adam, por qué Yasharal fue escogido, por qué Yahusha debe venir a través de una genealogía pura y por qué los últimos días reflejan los días de Noach.

— Por Qué la Redención Es Necesaria

La corrupción (Ecuaciones 1 y 2) invadió la creación y comenzó a extenderse por líneas que nunca debieron existir.

— Por Qué la Redención Está Limitada a El linaje de Adam

Solo El linaje con Rúach — El linaje adámico pura — puede responder a la convicción, al arrepentimiento, al pacto y al Mesías.

Los Nefelinos no tienen Rúach y no tienen redención.

La humanidad mixta tiene Rúach pero está conflictuada; puede ser redimida pero fácilmente corrompida.

— Por Qué Yasharal Fue Escogido

Yasharal fue escogido para guardar El linaje puro, el pacto, la profecía y la genealogía que conduce a Yahusha.

— Por Qué Yahusha Debe Venir de una Genealogía Pura

Mateo 1 y Lucas 3 trazan una línea desde Adam hasta Sheth, hasta Noach, hasta Shem, hasta Abraham, hasta Dawid, hasta Yahusha.

El Mesías debe ser completamente adámico, completamente humano, completamente portador de Rúach y sin corrupción híbrida.

— Por Qué los Últimos Días Reflejan los Días de Noach

Yahusha dijo:

"Como fue en los días de Noach, así será también en los días del Hijo del Hombre."

— Lucas 17:26

Daniel 2:43 profetiza:

"Se mezclarán con la simiente de los hombres..."

La corrupción híbrida regresa.

Las ecuaciones reaparecen.

El conflicto se intensifica.

10.10 – RESUMEN DE LAS TRES ECUACIONES

Ecuación 1: AW + HW = N: Vigilantes + Mujeres = Nefelino
AW (Ángeles Vigilantes) + HW (Mujeres Humanas) =
N (Nefelinos)

Vigilantes más mujeres produce Nefelino—sin Rúach, sin redención, sin pacto, Segunda Humanidad, gigantes espiritualmente muertos.

Ecuación 2: NM + PW = N: Hombres Nefelino + Mujeres Puras
= Nefelino
NM (Hombre Nefelino) + PW (Mujer Pura) = N (Nefelinos)

Hombres Nefelino más mujeres puras produce Nefelino — la corrupción continúa, el padre determina la identidad espiritual, la descendencia permanece sin Rúach, se explican los gigantes del postdiluviano.

Ecuación 3: PM + NW = MH: Hombres Puros + Mujeres Nefelino
= Humanidad Mixta
PM (Hombre Puro) + NW (Mujer Nefelina) =
MH (Humanidad Mixta):

Hombres puros más mujeres Nefelinas produce humanidad mixta — el Rúach se transmite por el padre, la corrupción se transmite por la madre, el hijo queda espiritualmente conflictuado, se crea la Tercera Humanidad, raíz del paganismo, de los imperios y de las religiones del mundo.

10.11 – DECLARACIÓN FINAL

Estas tres ecuaciones no son mitología; son las matemáticas espirituales de la historia.

Revelan cómo la creación fue dividida, por qué la Biblia sigue solo una línea, por qué las naciones son como son, por qué Yasharal es central, por qué la genealogía de Yahusha importa y por qué la restauración final requerirá la eliminación total de la corrupción híbrida.

Desde aquí podemos pasar de explicar la corrupción a trazar la redención, mientras seguimos El linaje puro — de Shem a Eber a Abraham — hacia el cumplimiento definitivo en Yahusha ha'Mashíaj. El escenario está listo para el volumen 2.

TABLA DE LAS 22 OBRAS DE LA CREACIÓN

Día	Obra #	Obra de la Creación
Day 1	1	The Heavens
	2	The Waters
	3	Angels
	4	Spirit of Man
	5	Abyss
	6	Darkness
	7	Light
Day 2	8	Firmament
Day 3	9	Bodies of Water
	10	Mist / Dew
	11	Plants
	12	Garden of Eden
Day 4	13	Sun
	14	Moon
	15	Stars
Day 5	16	Leviathan
	17	Marine Life
	18	Birds

Día	Obra #	Obra de la Creación
Day 6	19	Land Animals
	20	Livestock
	21	That Which Moves on the Earth
	22	Man

TABLA DE LA DIVISIÓN DEL SHEOL / SEOL

División	Descripción	Versículos Bíblicos Clave
1. Jardín del Edén (Paraíso)	Lugar de reposo de los justos; presencia de vida y paz	Lucas 23:43; 2 Corintios 12:2–4; Apocalipsis 2:7; Génesis 2:8
2. Cámaras de los Justos (Seno de Abraham)	Consuelo para los justos que esperan la resurrección	Lucas 16:22–25; Salmos 116:15; Sabiduría 3:1
3. Cámaras de los Mártires	Almas de los que fueron muertos por el testimonio de Yahuah	Apocalipsis 6:9–11; Apocalipsis 20:4; Mateo 5:10–12
4. Cámaras de los Impíos	Reposo de los impíos antes del juicio final	Lucas 16:23–24; Salmos 9:17; Job 24:19; Isaías 14:9–11
5. La Prisión (Vigilantes y Demonios)	Abismo donde los ángeles caídos y demonios están encarcelados	2 Pedro 2:4; Judas 1:6; 1 Enoc 10:11–14; Apocalipsis 20:1–3
6. Lago de Fuego (Infierno Inferior / Segunda Muerte)	Juicio eterno final; la segunda muerte	Apocalipsis 20:14–15; Mateo 25:41; Apocalipsis 21:8; Marcos 9:43–48

THE THREE HUMANITIES GRAPHICS

LAS TRES HUMANIDADES ALBUM MUSICAL

♪ *CANCIÓN 1* ♪

LAS 22 OBRAS DE LA CREACIÓN

♪ *Verso 1*

Escuchen ahora el misterio sellado en los primeros siete días,

porque el principio es la profecía del fin,

y la creación es el rollo en el cual la salvación fue escrita por primera vez.

♪ *Coro La Luz Revelada*

DÍA UNO LA LUZ DEL CORDERO

Antes que sol o estrella,

antes que luna o llama,

la Luz resplandeció

Yahusha, el Resplandor Eterno,

el Cordero inmolado desde el principio.

En Su Luz, la creación despierta;

en Su brillo, todas las cosas comienzan.

♪ *Verso 2 Distinción Sagrada*

DÍA DOS LA GRAN SEPARACIÓN

El Firmamento se extendió como un dosel,

dividiendo las aguas de arriba de las aguas de abajo.

Así Yahuah reveló el decreto de santidad:

lo limpio de lo inmundo,

lo justo de lo malvado,

lo nacido del cielo de lo atado a la tierra.

La salvación comienza con la distinción.

♪ *Coro El Jardín Preparado*

DÍA TRES

La tierra seca surgió de lo profundo

como resurrección desde la tumba,

y Edén fue plantado antes de que el polvo de Adam fuera formado.

Un jardín preparado de antemano

una sombra del mundo restaurado

para los redimidos de Elyôn.

♪ *Verso 3 Señales en los Cielos*

DÍA CUATRO LAS SEÑALES DE LA REDENCIÓN

Las grandes lumbreras fueron designadas:

el sol para gobernar el día,

la luna y las estrellas para gobernar la noche.

No solo por belleza,

sino para los Mo'edim los tiempos señalados,

el calendario profético del Mesías.

En los cielos, la historia de la redención está marcada y medida.

♪ *Coro Vida Desbordante*

DÍA CINCO LA MULTIPLICACIÓN DE LA VIDA

Los mares se llenaron, los cielos se poblaron,

y la bendición desbordó sobre las criaturas.

La vida se multiplicó a la orden de Yahuah,

un susurro de la era venidera

cuando la abundancia y la paz llenarán la tierra.

🎵 Verso 4 El Portador de la Imagen

DÍA SEIS

Del polvo vino Adam,

formado por las manos de Elohiym,

lleno del aliento de vida.

Creado para gobernar, creado puro,

pero escogido para restauración a través del Segundo Adam — Yahusha,

la Imagen Perfecta y el Rey Perfecto.

🎵 Puente El Descanso Eterno

DÍA SIETE EL SHABBAT ETERNO

Y Yahuah reposó.

La corona de la creación,

la señal del Reino,

la promesa del mundo venidero.

Un Shabbath sin fin,

un día que tragará a todos los días,

el reinado de Yahusha en paz eterna.

🎵 Coro Final El Patrón Revelado

He aquí el patrón:

Creación.

Separación.

Preparación.

Revelación.

Multiplicación.

Restauración.

Reino.

En las 22 Obras de la Creación,

todo el plan está revelado.

La primera semana es la profecía de la última.

Génesis es el Evangelio en su forma más antigua.

El Cordero está en el principio,

y reina al final.

Así termina el Rollo Sagrado de la Primera Semana.

Bendito el que lee,

y bendito el que entiende.

◇◇◇◇◇◇◇◇◇◇◇◇◇◇◇◇◇◇◇◇◇◇

🎵 CANCIÓN 2 🎵

CUANDO LA HUMANIDAD SE ROMPE

INTRO

CUANDO LA HUMANIDAD SE ROMPE

El Libro Tres no volverá a contar la Puro de la Primera Humanidad.

Revelará cómo surge la Segunda Humanidad,

cómo las tensiones internas y las tentaciones externas finalmente colisionan, cómo la rebelión de los Vigilantes desgarra la historia humana,

cómo la naturaleza de la humanidad es desafiada, alterada y convertida en arma,

y cómo el plan de redención de Yahuah responde a esta nueva y brutal realidad.

♪ VERSO 1 Lo Que Revelará el Libro Tres

Si el Libro Uno reveló las Obras de la Creación,

y el Libro Dos reveló la Primera Humanidad en su santo principio,

entonces el Libro Tres revelará:

La Naturaleza Caída

Cómo Nació la Segunda Humanidad,

y Cómo Yahuah Se Negó a Abandonar Su Diseño.

♪ VERSO 2 El Cambio en la Historia

La historia ahora se mueve Pura no probada a identidad asaltada,

de orden incontestado a guerra espiritual,

de preparación silenciosa a conflicto abierto.

La Primera Humanidad ha sido preparada.

La escena está lista.

El cielo ha observado.

El testimonio está escrito.

☐ PRE-CORO La Pregunta Surge

Ahora la pregunta será puesta a prueba en el mundo de la Segunda Humanidad:

¿Qué sucede cuando una creación pura encuentra una corrupción que nunca fue diseñada para albergar?

♪ CORO De Pie en el Borde

¿Qué sucede cuando una creación pura encuentra una corrupción que nunca fue diseñada para albergar?

¿Qué sucede cuando la Primera Humanidad

se encuentra en el umbral de la oscuridad?

El Libro Dos termina aquí

con la Primera Humanidad de pie en la luz de Yahuah,

en el mismo borde de una oscuridad

que intentará y fallará en borrar todo lo que Yahuah ha comenzado.

♪ CORO FINAL La Oscuridad Fracasará

El Libro Dos termina aquí

con la Primera Humanidad de pie en la luz de Yahuah,

en el mismo borde de una oscuridad

que intentará y fallará en borrar todo lo que Yahuah ha comenzado.

¿Qué sucede cuando una creación pura encuentra una corrupción que nunca fue diseñada para albergar?

CUANDO LA HUMANIDAD SE ROMPE

Yahuah se niega a abandonar Su diseño.

🎵 *OUTRO La Guerra que Viene*

La historia ahora se mueve

Pura no probada a identidad asaltada,

de orden incontestado a guerra espiritual,

de preparación silenciosa a conflicto abierto.

La Primera Humanidad ha sido preparada.

La escena está lista.

🎵 *CANCIÓN 3* 🎵

LAS MATEMÁTICAS ESPIRITUALES DE LA HISTORIA

INTRO

Estas tres ecuaciones no son mitología;

son las matemáticas espirituales de la historia.

🎵 *VERSO 1 Lo Que Revelan*

Revelan cómo la creación fue dividida,

por qué la Biblia sigue solo una línea,

por qué las naciones son como son,

por qué Yasharal es central,

por qué importa la genealogía de Yahusha,

y por qué la restauración final requerirá

la eliminación total de la corrupción híbrida.

🎵 *CORO De la Explicación a la Revelación*

Desde aquí, podemos pasar de explicar la corrupción

a trazar la redención,

mientras seguimos El linaje puro

de Shem a Eber a Abraham

hacia el cumplimiento definitivo en Yahusha ha'Mashyach.

🎵 *PUENTE*

Estas tres ecuaciones no son mitología;

son las matemáticas espirituales de la historia.

Revelan cómo la creación fue dividida.

Revelan por qué Yasharal es central.

Revelan por qué importa la genealogía de Yahusha.

Revelan por qué la restauración final requerirá la eliminación total de la corrupción híbrida.

🎵 *CORO FINAL La Redención Se Despliega*

Desde aquí, podemos pasar de explicar la corrupción

a trazar la redención,

mientras seguimos El linaje puro

de Shem a Eber a Abraham

hacia el cumplimiento definitivo en Yahusha ha'Mashyach.

🎵 *OUTRO La Historia Avanza*

Hacia el cumplimiento definitivo

en Yahusha ha'Mashyach.

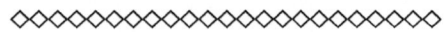

🎵 *CANCIÓN 4* 🎵

LA MISERICORDIA DE YAHUAH EN UNA HUMANIDAD DIVIDIDA

🎵 *VERSO 1 Un Mundo Dividido*

LA MISERICORDIA DE YAHUAH EN UNA HUMANIDAD DIVIDIDA

Cómo la redención sobrevivió al surgimiento de la Segunda Humanidad

La segunda parte de este volumen revela

una de las eras más dramáticas y peligrosas de toda la creación:

el momento en que la humanidad se dividió en dos líneas opuestas

una creada por Yahuah,

y otra creada por uniones prohibidas entre ángeles y mujeres.

Es la ruptura más oscura en la historia humana.

Es el momento en que:

- *la Puro encontró la corrupción,*
- *la luz encontró la oscuridad,*
- *el pacto encontró la rebelión,*
- *la primera humanidad encontró la segunda humanidad.*

🎵 *CORO El Triunfo de la Misericordia*

Y aun en esta crisis de proporciones mundiales,

la verdad que emerge no es el triunfo del mal

sino el triunfo de la misericordia.

Que todo lector entienda esta realidad inmovible:

La misericordia de Yahuah es más fuerte que el fracaso humano,

más fuerte que la rebelión angelical,

más fuerte que la corrupción de la creación.

🎵 *VERSO 2 La Humanidad Falló Pero Yahuah Nunca Abandonó Su Creación*

Desde el principio, la humanidad ha tropezado:

- *Adam cayó pero Yahuah lo cubrió con pieles.*
- *La humanidad se desvió pero Yahuah levantó El linaje justo de Seth.*
- *El mundo olvidó la justicia pero Yahuah envió a Enoc como rey, sacerdote, profeta y maestro.*
- *Los Vigilantes corrompieron la tierra pero Yahuah levantó a Noach.*
- *Las naciones se unieron en rebelión en Babel pero Yahuah las dispersó para preservar El linaje del pacto.*

🎵 *VERSO 3 Lo Que Yahuah Proveía*

En cada momento de colapso, Yahuah proveía:

- *una cobertura*
- *un remanente*
- *un redentor*
- *un hombre justo*
- *un pacto*
- *un camino hacia adelante*

Este es el tema de la segunda parte:

La humanidad falla repetidamente

pero la misericordia de Yahuah permanece invicta.

♪ *VERSO 4 El Surgimiento de la Segunda Humanidad*

El surgimiento de la Segunda Humanidad debió haber terminado la historia

pero no lo hizo.

La creación de los Nefelinos

la segunda humanidad híbrida

fue la mayor amenaza que el mundo había enfrentado.

Ellos eran:

- espiritualmente muertos
- violentamente dominantes
- genéticamente corrompidos
- incapaces de arrepentirse
- incapaces de pacto
- llenos de la rebelión de sus padres angelicales
- destructores de toda carne

Consumían:

- a la humanidad,
- a los animales,
- las cosechas,
- unos a otros,
- la tierra misma.

Era una corrupción de nivel de extinción.

♪ *PUENTE Pero Yahuah No Fue Derrotado*

Y aun así, Yahuah no fue derrotado.

En cambio, Él reveló un plan redentivo en dos partes:

♪ *CORO El Triunfo de la Misericordia*

Y aun en esta crisis de proporciones mundiales,

la verdad que emerge no es el triunfo del mal

sino el triunfo de la misericordia.

Que todo lector entienda esta realidad inconmovible:

La misericordia de Yahuah es más fuerte que el fracaso humano,

más fuerte que la rebelión angelical,

más fuerte que la corrupción de la creación.

◇◇◇◇◇◇◇◇◇◇◇◇◇◇◇◇◇◇◇◇

♪ *CANCIÓN 5* ♪

LAS DOS PARTES DE LA MISERICORDIA DE YAHUAH

♪ *VERSO 1 La Última Rama Justa*

PARTE Uno Preservar la Semilla Pura a Través de Noach

Noach se convirtió en la última rama justa de Adam.

El arca fue construida no solo para salvar la vida

sino para proteger la genealogía a través de la cual vendría el Mesías.

Sin Noach:

- *no Abraham*
- *no Yitsḥaq*
- *no Yaaqob*
- *no Yasharal*
- *no Dawid*
- *no linaje de Yahudah*
- *no Yahusha*

Todo el plan de salvación estaba llevado dentro de un solo hombre

y Yahuah lo preservó.

🎵 **CORO La Semilla Debe Vivir**

Noach se convirtió en la última rama justa de Adam,

el arca fue construida no solo para salvar la vida

sino para proteger la genealogía a través de la cual vendría el Mesías.

Todo el plan de salvación estaba llevado dentro de un solo hombre

y Yahuah lo preservó.

🎵 **VERSO 2 Aguas de Misericordia**

Remover la Semilla Corrupta a Través del Diluvio

El diluvio no fue ira divina.

Fue misericordia divina.

Fue:

- *una limpieza,*
- *un rescate,*
- *un juicio quirúrgico,*
- *un escudo protector alrededor del futuro de la redención.*

El diluvio salvó al mundo de la hibridación total.

Salvó la posibilidad misma de la salvación.

🎵 **ESTRIBILLO Misericordia en las Aguas**

El diluvio no fue ira divina.

Fue misericordia divina.

Una limpieza, un rescate, un juicio quirúrgico,

un escudo protector alrededor del futuro de la redención.

🎵 **VERSO 3 Después del Diluvio La Misericordia Aún Reinaba**

El linaje Híbrido sobrevivió a través de un solo navío

y migró hacia Shinar.

Allí:

- *construyeron Babel,*
- *reensamblaron conocimiento prohibido,*
- *intentaron invadir los cielos,*
- *crearon el primer imperio de rebelión después del Diluvio.*

Una vez más, la humanidad se acercó a la aniquilación.

Una vez más, Yahuah intervino.

Esta vez, no con agua sino con lenguas.

Confundió su habla.

Destruyó su unidad.

Los dispersó por toda la tierra.

Esto no fue una maldición.

Fue protección.

La caída de Babel fue la salvación de la humanidad.

♪ PUENTE

Una vez más, la humanidad se acercó a la aniquilación.

Una vez más, Yahuah intervino

no con agua, sino con lenguas.

Confundió su habla.

Destruyó su unidad.

Los dispersó por toda la tierra.

♪ CORO FINAL Salvación en la Ruptura

Esto no fue una maldición.

Fue protección.

La caída de Babel fue la salvación de la humanidad.

El diluvio salvó al mundo de la hibridación total.

Salvó la posibilidad misma de la salvación.

Y todo el plan de salvación estaba llevado dentro de un solo hombre

y Yahuah lo preservó.

♪ CANCIÓN 6 ♪
EL TRIUNFO DE LA MISERICORDIA

INTRO
La Sabiduría de Yahuah

Las Tres Ecuaciones Revelan la Sabiduría de Yahuah

A través de las tres ecuaciones de la humanidad, descubrimos que:

• *Yahuah nunca pierde el control,*

• *la corrupción no puede borrar Su propósito,*

• *la rebelión no puede cancelar Su pacto,*

• *la mezcla no puede destruir Su plan.*

Ellas muestran:

• *de dónde vino la corrupción,*

• *por qué se esparció,*

• *cómo Yahuah preservó la semilla pura,*

• *y cómo la historia avanza inevitablemente hacia el Mesías.*

Estas ecuaciones son la base matemática de la redención.

♪ VERSO 1 La Misericordia Vence Toda Oscuridad

La Parte Dos termina con el triunfo de la misericordia no con el triunfo del mal.

A pesar de:

• *dos humanidades,*

• *el surgimiento de gigantes,*

• *la expansión de naciones híbridas,*

• *la rebelión angélica,*

- *la violencia global,*
- *la arrogancia de Babel*

La misericordia de Yahuah prevaleció.

El pacto sobrevivió.

La semilla sobrevivió.

La promesa sobrevivió.

El plan sobrevivió.

La oscuridad se levantó como un diluvio

pero Yahuah levantó un estándar más alto.

🎵 ESTRIBILLO Un Estándar Más Alto

El pacto sobrevivió.

La semilla sobrevivió.

La promesa sobrevivió.

El plan sobrevivió.

La oscuridad se levantó como un diluvio

pero Yahuah levantó un estándar más alto.

🎵 CORO El Fundamento de la Redención

Yahuah nunca pierde el control.

La corrupción no puede borrar Su propósito.

La rebelión no puede cancelar Su pacto.

La mezcla no puede destruir Su plan.

Estas ecuaciones son la base matemática de la redención.

🎵 VERSO 2 El Destino de la Creación

EL DESTINO DE LA CREACIÓN PERTENECE A Yahuah

La Parte Dos revela el aterrador surgimiento de la segunda humanidad,

pero aún más importante:

revela la misericordia imparable de Yahuah.

Él siempre:

- *protege a Su pueblo*
- *preserva Su pacto*
- *guarda Sus promesas*
- *levanta un redentor*
- *cumple Su Palabra*
- *lleva la semilla pura hacia la salvación*

Nada:

- *ni los Vigilantes,*
- *ni los gigantes,*
- *ni Babel,*
- *ni la rebelión,*
- *ni la corrupción,*
- *ni las naciones,*
- *ni la oscuridad*

puede derribar Su propósito.

🎵 PUENTE Nada Puede Derribar Su Propósito

Nada

ni los Vigilantes, ni los gigantes, ni Babel,

ni la rebelión, ni la corrupción, ni las naciones,

ni la oscuridad

puede derribar Su propósito.

♪ *VERSO FINAL La Emergencia de la Tercera Humanidad*

Y ahora el mundo está al borde de una nueva realidad:

Surge la Tercera Humanidad

una mezcla de Ruach y corrupción,

un campo de batalla de dos naturalezas,

y el escenario sobre el cual la próxima fase de la redención se desarrollará.

Comienza el Volumen 2.

♪ *CORO FINAL*

Él siempre protegerá a Su pueblo,

preservará Su pacto,

guardará Sus promesas,

levantará un redentor,

cumplirá Su Palabra,

llevará la semilla pura hacia la salvación.

EL DESTINO DE LA CREACIÓN PERTENECE A Yahuah.

www.ingramcontent.com/pod-product-compliance
Lightning Source LLC
Chambersburg PA
CBHW070534090426
42735CB00013B/2981